Deutsch mit mehr Liebe

もっと つながるドイツ語みっとりーべ 2

Osamu Nakamura
Takuya Nakagawa
Takako Osawa

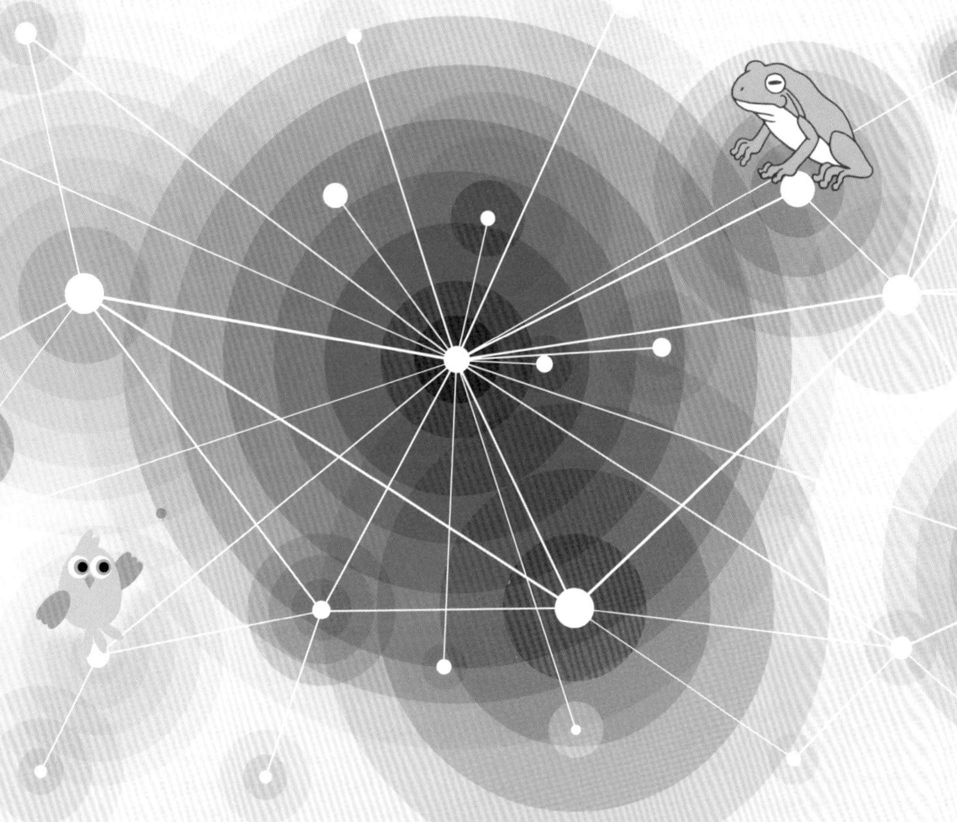

ASAHI Verlag

ドイツ語圏略地図

（　　はドイツ語使用地域）

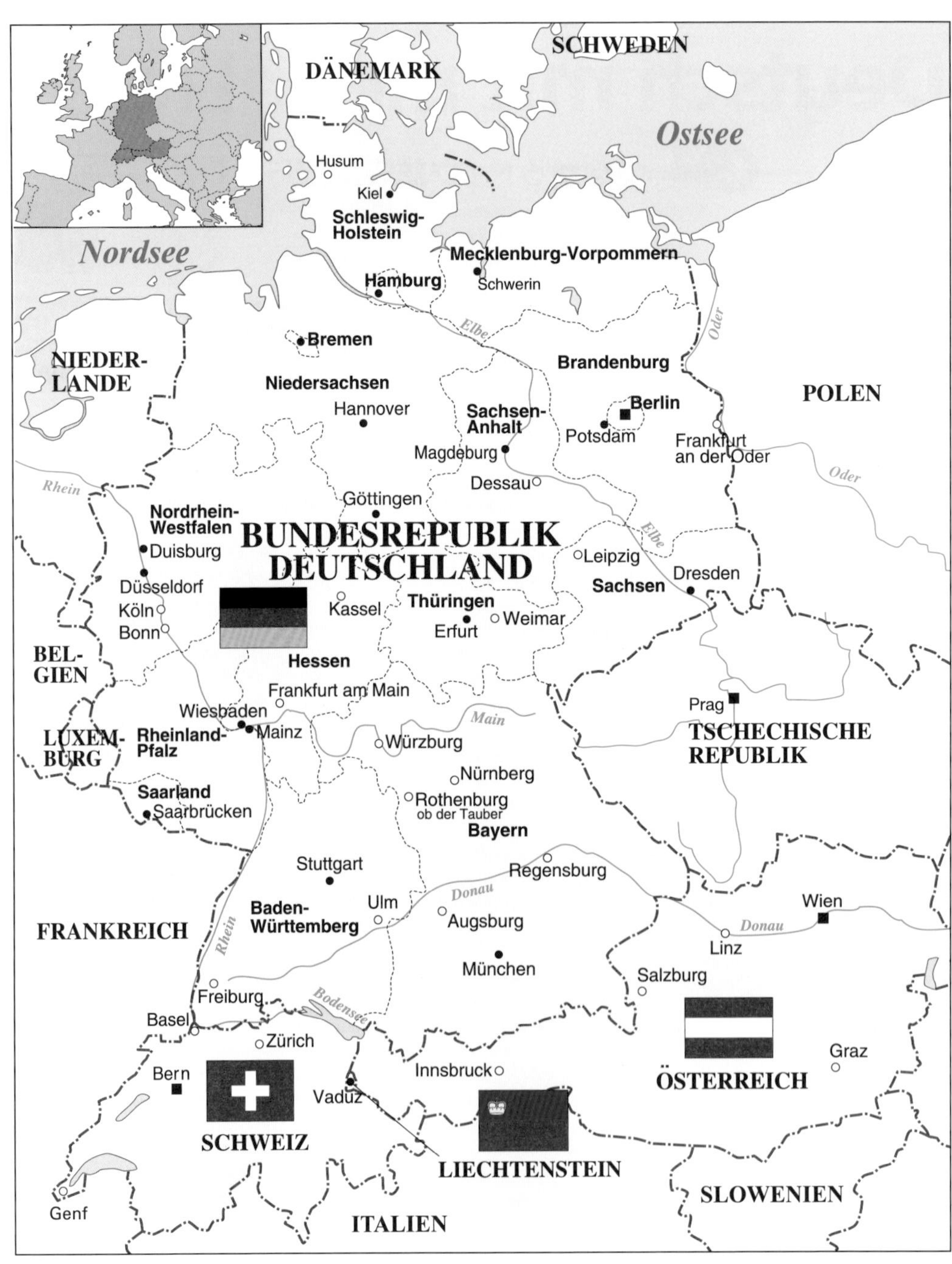

はじめに

本書はおもに初級ドイツ語の基礎的な文法を学んだ方に向けた、ドイツ語の総合教材です。

しかしながら、従来の「中級」テキストではなく、初級から中級への橋渡しを目的とした内容になっており、初級ではだいたい過去の表現くらいまでを学んだが「まだ発音が不安だ」、「語順などについて自信がない」、「もっと色々なことを表現したい」という皆さんが、復習をしながら少しずつ新しいことを学んでいけるように構成されています。初級の『つながるドイツ語みっとりーべ』でも、1課ごとに、そして前期から後期へと、学習から実践へと「スムーズに」移行していけることを目標としていたのと同様に、本書でも「復習をしながら新たな項目へスムーズに」移行してゆくドイツ語学習の発展の一助になれば幸いです。また、初級では扱うことができなかった、ドイツ語圏とその周辺地域についても、各課の最後にドイツ語のLesenと日本語のコラムで紹介をしていきます。ドイツ語を学びながら、ドイツ語圏やヨーロッパへの関心や理解を深めて頂けたらと思います。

本書のドイツ語タイトル „Deutsch mit mehr Liebe“ は、そのまま日本語に訳すと「もっと愛のあるドイツ語」となります。ここには著者それぞれのドイツ語への「Liebe 愛」が様々なかたちでよりいっそう込められています。本書をきっかけに、みなさんがドイツ語の魅力をさらに実感し、ドイツ語を学ぶことでより大きな「Freude 喜び」と「Hoffnung 希望」をもって新たな世界へとつながってゆけますよう、願っております。

【本書の構成】（1 ～ 8課：各課6ページ）

—1、2ページ目: 語彙、各課で学ぶ文法項目を含む会話、キーセンテンス
　表現の補足、会話本文の理解問題、初級文法の補足と問題
—3、4ページ目: 初級後半～中級の文法項目と練習問題
—5ページ目:　Lesen と Hören、Hören に関係する内容についてのパートナーワーク
—6ページ目: コラム（日本語）と写真

学期のまとめとして、1課～ 4課/5課～ 8課、それぞれ確認問題（2ページ）
さらに後期の初回～ 2回目の授業用として、1 ～ 4課の復習（Wiederholung）（2ページ）
また、8課の後に発展（2ページ）を追加しております。

【本書の特徴】

初級のドイツ語をカリキュラムの都合で半期のみで終わってしまった、週1回を1年間学んだが、文法項目が過去の表現までも到達していない、またはブランクがあるなど色々な進度の学生にも対応しやすい構成・内容となっています。

練習問題ではバランスよく総合的に学べるように、空所補充などの後に発展問題に取り組めるよう配慮してあります。また、各課を終えた時に日常表現へとつながるよう心がけました。

最後になりましたが、本書の企画から完成に至るまで、朝日出版社の松本鉄平さんにはひとかたならぬお心遣いを賜りました。心より御礼申し上げます。

2022年秋
著者一同

Inhalt

 Sommersemester 

Lektion	Themen (この課で学ぶこと)	Grammatik	補足など	コラム	S.
0	Wiederholung	初級までの復習事項 ・発音 ・人称代名詞と動詞の人称変化 ・sein haben werden ・不規則変化 ・話法の助動詞の人称変化 ・冠詞類 ・人称代名詞 ・前置詞 ・動詞の三基本形/過去人称変化	語彙（数字・季節・月・曜日・あいさつ）		2
1	Hallo, ich heiße Yurina	前置詞の格支配 形容詞の付加語的用法	序数	ランツフート	6
2	Heidelberg ist eine Großstadt, die im Südwesten von Deutschland liegt.	分離動詞 定関係代名詞	非分離動詞 分離・非分離動詞 指示代名詞	ハイデルベルク	12
3	Was hast du am Wochenende gemacht?	話法の助動詞 過去の表現 （過去形・現在完了形）	過去完了形	ザルツブルク	18
4	Ich freue mich schon darauf, nach Prag zu reisen.	zu不定詞とzu不定詞句 再帰代名詞 再帰動詞	sein zu不定詞 haben zu不定詞 体の部位を表す名詞と用いる所有の3格 相互的用法	プラハ	24
S	Sommersemester	前期確認問題			30

音声サイト URL

https://text.asahipress.com/free/german/mitliebe2/

Wintersemester

Lektion	Themen (この課で学ぶこと)	Grammatik	補足など	コラム	S.
1~4	Wiederholung	前期の復習事項 ・形容詞の付加語的用法 ・定関係代名詞 ・過去人称変化 ・現在完了形 ・再帰代名詞 ・再帰動詞			32
5	Das Bild wurde 1617 von Peter Paul Rubens gemalt.	不定関係代名詞 受動態 （動作受動・状態受動）		ミュンヘン	34
6	Wenn ich viel Geld hätte, würde ich durch ganz Europa reisen.	従属接続詞 接続法2式 （非現実話法・婉曲話法）		南チロル	40
7	Sie sagte mir, sie bleibe ab heute bei ihrer Tante in Berlin.	比較表現 接続法1式 （間接話法・要求話法）		ベルリン	46
8	Yurina muss ihren voll gepackten Koffer allein schleppen.	相関接続詞 現在分詞と過去分詞 冠飾句と関係文		ドイツサッカーの歴史	52
W	Wintersemester	後期確認問題			58

補足項目

Lektion	Themen	Grammatik		S.
Noch einen Schritt!	発展	使役・知覚の助動詞、認容表現、接続詞補足（理由・結果）、接尾辞（~weise/~bar）、絶対的比較級・最上級・その他の比較表現、独立分詞構文、機能動詞・熟語動詞		60
	主要不規則動詞変化表			62

Lektion 0の前に、初級文法を見直しておきましょう。

Aussprache

2

発音の原則

ローマ字のように発音する

原則として、最初の母音にアクセントがある

子音が1つのとき長く発音　子音が2つ以上のとき短く発音

haben 持っている　**kommen** 来る

注意が必要な母音

au [aʊ]	Auto	車	Baum	木
ei [aɪ]	Heim	我が家	klein	小さい
ie [iː]	Liebe	愛	Fieber	熱
[iəː]	Familie	家族		
eu/äu [ɔʏ]	Leute	人々	neu	新しい
	Bäume	木々	träumen	夢を見る
母音＋h	＊hは読まない			
	gehen	行く	Bahn	鉄道

英語と異なる子音の母音

-b/-d/-g	[p][t][k]	halb 半分の	Abend 晩
		Tag 日	
-r/-er	[r][ər]	Uhr 時計	aber しかし
s＋母音	[z]	sagen 言う	
＊それ以外	[s]	Glas グラス	
ss/ß	[s]	essen 食べる	groß 大きい
		Meißen マイセン	
j	[j]	Jacke 上着	
＊外来語	[ʒ]	Job アルバイト	
v	[f]	Volk 民族	
＊外来語	[v]	Villa 邸宅、別荘	
w	[v]	Wagen 車	weiß 白い
z/ts/tz/ds	[ts]	zehn 10	jetzt 今
		abends 晩に	
a/o/u/au + ch	[x]	Bach バッハ、小川	
		noch まだ、なお	Buch 本
		auch ～もまた	
それ以外 + ch	[ç]	echt 本物の	Licht 光
		leicht 容易な	China 中国
		Mädchen 少女	
-ig	[iç]	König 王	ruhig 静かな
sch/tsch	[ʃ] [tʃ]	schön 美しい	
		Deutsch ドイツ語	
chs/x	[ks]	Fuchs キツネ	
		Taxi タクシー	
sp-/st-	[ʃp][ʃt]	spielen 遊ぶ	
		Student 学生	

Wortschatz

3

数字 Grundzahlen

0 null		
1 eins	11 elf	21 einundzwanzig
2 zwei	12 zwölf	22 zweiundzwanzig
3 drei	13 dreizehn	30 dreißig
4 vier	14 vierzehn	40 vierzig
5 fünf	15 fünfzehn	50 fünfzig
6 sechs	16 sechzehn	60 sechzig
7 sieben	17 siebzehn	70 siebzig
8 acht	18 achtzehn	80 achtzig
9 neun	19 neunzehn	90 neunzig
10 zehn	20 zwanzig	100 (ein) hundert

季節・月・曜日

Jahreszeiten und Monate

Frühling	Sommer	Herbst	Winter
März	Juni	September	Dezember
April	Juli	Oktober	Januar
Mai	August	November	Februar

eine Woche

人称代名詞と動詞の人称変化

				wohnen	arbeiten	heißen
単数形	1人称	ich	-e	wohne	arbeite	heiße
	2人称（親称）	du	-st	wohnst	arbeitest	heißt
	3人称	er/sie/es	-t	wohnt	arbeitet	heißt
複数形	1人称	wir	-en/-n	wohnen	arbeiten	heißen
	2人称（親称）	ihr	-t	wohnt	arbeitet	heißt
	3人称	sie	-en/-n	wohnen	arbeiten	heißen
	2人称（敬称）	Sie	-en/-n	wohnen	arbeiten	heißen

sein haben werden

sein ～である				haben ～を持っている				werden ～になる			
ich	bin	wir	sind	ich	habe	wir	haben	ich	werde	wir	werden
du	bist	ihr	seid	du	hast	ihr	habt	du	wirst	ihr	werdet
er	ist	sie	sind	er	hat	sie	haben	er	wird	sie	werden
Sie		sind		Sie		haben		Sie		werden	

不規則変化

		a → ä fahren	e（短音）→ i sprechen	e（長音）→ ie sehen	werden	nehmen	wissen
1人称	ich	fahre	spreche	sehe	werde	nehme	weiß▲
2人称	du	fährst	sprichst	siehst	wirst	nimmst	weißt
3人称	er	fährt	spricht	sieht	wird	nimmt	weiß▲

話法の助動詞の人称変化

	dürfen	können	müssen	sollen	wollen	mögen	möchte
おもな意味	してもよい	できる	ねばならない	すべきだ	したい	かもしれない	したいと思います
ich	darf	kann	muss	soll	will	mag	möchte
du	darfst	kannst	musst	sollst	willst	magst	möchtest
er/sie/es	darf	kann	muss	soll	will	mag	möchte
wir	dürfen	können	müssen	sollen	wollen	mögen	möchten
ihr	dürft	könnt	müsst	sollt	wollt	mögt	möchtet
sie / Sie	dürfen	können	müssen	sollen	wollen	mögen	möchten

冠詞類

❶ 定冠詞

	男性	女性	中性	複数
1格	der Mann	die Frau	das Kind	die Kinder
2格	des Mann(e)s	der Frau	des Kind(e)s	der Kinder
3格	dem Mann	der Frau	dem Kind	den Kindern
4格	den Mann	die Frau	das Kind	die Kinder

❷ 定冠詞類　定冠詞の語尾変化に準じるものを定冠詞類と言います。

dieser この　**welcher** どの　**jeder** どの〜も ＊単数のみ　**aller** すべての
jener あの　**solcher** そのような　**mancher** かなり多くの

中性1・4格は dieses、女性と複数の diese 以外は、定冠詞と全く同じ語尾が付く。

❸ 不定冠詞

	男性	女性	中性	複数
1格	ein Kugelschreiber	eine Uhr	ein Buch	— Bücher
2格	eines Kugelschreibers	einer Uhr	eines Buch(e)s	— Bücher
3格	einem Kugelschreiber	einer Uhr	einem Buch	— Büchern
4格	einen Kugelschreiber	eine Uhr	ein Buch	— Bücher

❹ 所有冠詞・否定冠詞（kein）　＊不定冠詞と同じ変化

1人称	ich	mein	私の	wir	unser	私たちの
2人称	du	dein	君の	ihr	euer	君たちの
3人称	er	sein	彼の	sie	ihr	彼らの
	sie	ihr	彼女の			彼女らの
	es	sein	それの			それらの
2人称敬称	Sie	Ihr	あなたの、あなた方の			

人称代名詞

	単数					複数			敬称
	1人称	2人称	3人称(男性名詞)	3人称(女性名詞)	3人称(中性名詞)	1人称	2人称	3人称(複数形)	2人称敬称
1格	ich	du	er	sie	es	wir	ihr	sie	Sie
3格	mir	dir	ihm	ihr	ihm	uns	euch	ihnen	Ihnen
4格	mich	dich	ihn	sie	es	uns	euch	sie	Sie

＊再帰代名詞：3人称単数・複数及び2人称敬称の再帰代名詞は sich[3/4]。それ以外は人称代名詞と同じ。

前置詞

❶ 2格支配の前置詞

statt: ～の代わりに / **trotz:** ～にもかかわらず / **während:** ～の間ずっと / **wegen:** ～のために（理由）

❷ 3格支配の前置詞

aus: ～の中から、～出身の、～でできている / **bei:** ～の近くに、（人などのいる所）～のもとで、～の際に
mit: ～と一緒に、を使って（手段）/ **nach:**（中性名詞の地名・国名）へ、～のあとに / **seit:** ～以来
von:（空間/時間）～から、～によって、～の（所有）/ **zu:**（人・建物・催しなどのところ）～へ

❸ 4格支配の前置詞

durch: ～を通って、～によって / **für:** ～のために / **gegen:** ～に対して、～に反対して / **ohne:** ～なしで
um: ～の周囲に、～時に / **bis:**（空間・時間）まで

❹ 3・4格支配の前置詞

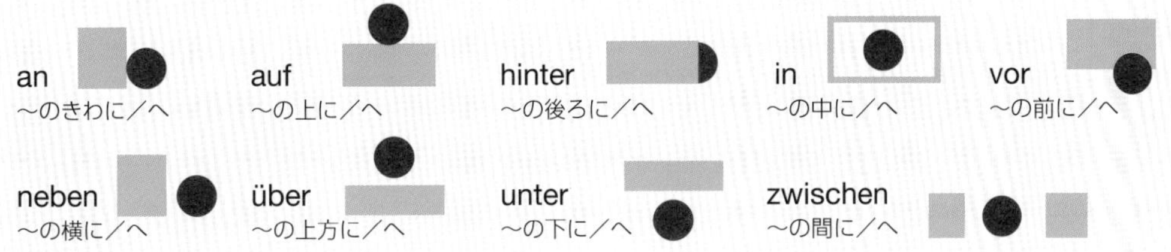

動詞の3基本形

不定詞	過去基本形	過去分詞	不定詞	過去基本形	過去分詞
lernen	lernte	gelernt	sein	war	gewesen
gehen	ging	gegangen	haben	hatte	gehabt
denken	dachte	gedacht	werden	wurde	geworden

過去人称変化

sein 過去基本形 war

ich	—	wir	-(e)n	ich	war▲	wir	waren
du	-st	ihr	-t	du	warst	ihr	wart
er	—	sie/Sie	-(e)n	er	war▲	sie/Sie	waren

性の表記

男性名詞：*r*　女性名詞：*e*　中性名詞：*s*　複数形：*pl.*

定冠詞の語尾：der / die / das

Plural: *pl.*　Singular: *sg.*

冠詞の語尾で示すよ！

略号

jm **(jemandem)**：人の3格「～に」　*et*[3] **(etwas)**：物・事の3格「～に」

jn **(jemanden)**：人の4格「～を」　*et*[4] **(etwas)**：物・事の4格「～を」

Hallo, ich heiße Yurina.

4 

Wortschatz

発音してみましょう。また、意味を調べましょう。

e Germanistik	*e* Psychologie	liegen	*e* Mitte	japanisch
e Hauptinsel	viertgrößt	am Rhein	im Südwesten	*e* Hauptstadt

Auf dem Campus

5 **Dialog 1**

Yurina: Hallo, ich heiße Yurina. Und wie heißt du?
Finn: Ich heiße Finn. Freut mich!
Yurina: Freut mich auch! Ich studiere hier in München Germanistik. Was studierst du?
Finn: Hier studiere ich Psychologie.

6 **Dialog 2**

Finn: Übrigens, woher kommst du? Ich komme aus Bonn und wohne jetzt hier in München.
Yurina: Ich wohne auch in München. Ich komme aus Japan, aus Nagoya.
Finn: Nagoya? Das kenne ich nicht. Wo liegt die Stadt?
Yurina: Die liegt in der Mitte der japanischen Hauptinsel „Honshu". Und Nagoya ist nach Tokyo, Yokohama und Osaka die viertgrößte Stadt in Japan.
Finn: Die Stadt Bonn liegt am Rhein, im Südwesten des Landes Nordrhein-Westfalen. Die Stadt war von 1949 bis 1990 die Hauptstadt der Bundesrepublik Deutschland (Westdeutschland).
Yurina: Interessant! Ich möchte einmal Bonn besuchen.

Schlüsselsätze

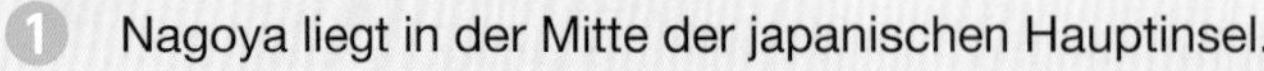

1. Nagoya liegt in der Mitte der japanischen Hauptinsel.
   - im Osten / Westen / Norden / Süden von ...
   - nordwestlich / nordöstlich / südwestlich / südöstlich
2. Nagoya ist nach Tokyo, Yokohama und Osaka die viertgrößte Stadt in Japan.

Worterklärung

Freut mich! < Es freut mich, Sie kennen zu lernen. はじめまして
übrigens （副） それはそうと、ところで　　in der Mitte 2格/ von 3格 ～の中央、真ん中に
nach ～ （順序） ～の次に、あとに、次いで
im Osten / Westen / Norden / Süden von ～ ～の東 / 西 / 北 / 南に

Textverständnis

1) Was studiert Yurina?
2) Woher kommt Finn?
3) Wo liegt Nagoya in Japan?
4) Ist Osaka nach Tokyo die zweitgrößte Stadt in Japan?
5) Liegt Bonn im Osten von Deutschland?

Grammatik 1

前置詞ごとに決まった格をとります

前置詞の格支配

前置詞を用いるとき、後続させる名詞には前置詞ごとに決まった格があります。これを前置詞の格支配といい、2格支配、3格支配、4格支配、3・4格支配があります。（参照：5ページ）

Übungen 1

❶ 訳文を参考に下線部に適切な前置詞を、カッコに適切な人称代名詞・冠詞を入れましょう。

1) Bist du ________ (　　　　)?　　君は彼に反対なの？
2) Ich fahre ________ (　　　　) Bus zur Uni.　　私はバス(*r*)で大学へ行く。
3) Gehst du mit ihm ________ (　　　　) Unterricht einkaufen?　　授業(*r*)の後に彼と買い物に行くの？
4) ________ (　　　　) Hilfe können wir die Arbeit nicht vollenden.　　あなたの助け(*e*)なしにはその仕事を完成できません。
5) Wir treffen uns heute (　　　　) sechs Uhr.　　私たちは今日6時に会う。

❷ カッコ内に適切な冠詞を入れましょう。

1) Heute gehen wir in (　　　　) Stadt.　　今日、私たちはその街(*e*)へ行く。
2) Wir plaudern vor (　　　　) Kino.　　私たちは映画館(*s*)の前でおしゃべりをしています。
3) Das Bild hängt an (　　　　) Wand.　　その絵は壁(*e*)にかかっている。
4) Er hängt die Hose auf (　　　　) Bügel.　　彼はズボンをハンガー(*r*)に掛ける。
5) Die Post liegt zwischen (　　　　) Bäckerei und (　　　　) Reisebüro.　　郵便局はパン屋(*e*)と旅行代理店(*s*)の間にあります。

Grammatik 2

形容詞の付加語的用法

形容詞が名詞と用いられる場合、前に付く冠詞（無冠詞を含め）により、語尾変化には３つのタイプがあります。形容詞も冠詞のように性・格を示します。

1) 形容詞＋名詞

frische Milch

	男性	女性	中性	複数
1格	er	e	es	e
2格	en	er	en	er
3格	em	er	em	en
4格	en	e	es	e

定冠詞類の変化に準じるよ！男性・中性の２格は名詞が格を示すから-enになるね！

2) 定冠詞（類）＋形容詞＋名詞

der fleißige Schüler

	男性	女性	中性	複数
1格	e	e	e	en
2格	en	en	en	en
3格	en	en	en	en
4格	en	e	e	en

男性１格、女性及び中性の１・４格以外は-e、それ以外は-enになるね

3) 不定冠詞（類）＋形容詞＋名詞

ein kleines Kaninchen

	男性	女性	中性	複数
1格	er	e	es	en
2格	en	en	en	en
3格	en	en	en	en
4格	en	e	es	en

男性１格-er、女性１・４格-e、中性の１・４格-es。それ以外は-enになるね。

Der fleißige Schüler lernt in der Bibliothek.　その真面目な学生は図書館で勉強しています。

Ich möchte frische Milch trinken.　私は新鮮な牛乳が飲みたい。

Mein Bruder hat ein kleines Kaninchen.　私の兄は一匹の小さな家ウサギを飼っています。

Übungen 2

❶ 次の文の形容詞の語尾を補って文を作りましょう。

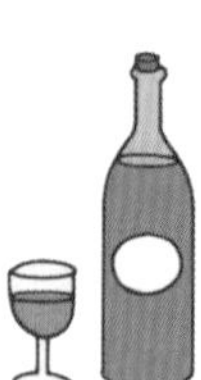

1) Der fleißig____ Lehrer kauft ein neu____ Wörterbuch.

その勤勉な教師(*r*)は新しい辞書(*s*)を買います。

2) Meine Großeltern wohnen in einem groß____ Schloss.

私の祖父母(*pl.*)は大きなお城(*s*)に住んでいます。

3) Ich trinke sehr gern deutsch____ Wein.

私はドイツのワイン(*r*)（を飲むの）が好きです。

4) Wir haben eine gut____ Idee.

私たちに良い考え(*e*)があります。

5) Mia schenkt ihrer alt____ Mutter einen groß____ Fernseher.

ミアは彼女の年老いた母親(*e*)に大きなテレビ(*r*)を買います。

❷ 与えられた語を使って、必要ならば変化させて作文しましょう。ただし、定関係代名詞を補うこと。

1) haben / schwarz / ein Hund / Herr Mayer
マイヤー氏は一匹の黒い犬(*r*)を飼っています。

____

2) Yokohama / die Stadt / nach / zweitgrößt / Tokyo / sein / in Japan
横浜は東京に次いで日本で２番目に大きな都市(*e*)です。

____

3) wollen / belgisch / heute / wir / trinken / Bier（無冠詞）
私たちは今日ベルギービール(*s*)を飲むつもりです。

____

4) sehr zufrieden / sein Haus / neu / sein / mein Onkel / mit
私の伯父(*r*)は彼の新しい家(*s*)に大変満足している。　▶mit et^3 zufrieden sein: 〜^{3}に満足している

____

5) in Berlin / die Disko / weltberühmt / ich / besuchen / möchte
ベルリンで私はその世界的に有名なクラブ(*e*)を訪ねたいと思います。

____

7

補足の表現 -序数-

「第1の」、「第2の」などを表す序数は、原則として数字の1〜19では基数に-t、20以上では-st を付けます。
また、序数も名詞の前に置かれるときは、der erst*er* Tag（第１日目）のように形容詞の語尾を補います。
序数には「.」を打ちます。

1.	erst	11.	elft	21.	einundzwanzigst
2.	zweit	12.	zwölft	22.	zweiundzwanzigst
3.	dritt	13.	dreizehnt	30.	dreißigst
4.	viert	14.	vierzehnt	40.	vierzigst
5.	fünft	15.	fünfzehnt	50.	fünfzigst
6.	sechst	16.	sechzehnt	60.	sechzigst
7.	siebt	17.	siebzehnt	70.	siebzigst
8.	acht	18.	achtzehnt	90.	achtzigst
9.	neunt	19.	neunzehnt	90.	neunzigst
10.	zehnt	20.	zwanzigst	100.	hundertst

Wann hast du Geburtstag?

Am 21. Januar (habe ich Geburtstag)!

am 21. (einundzwanzigsten)
= an dem einundzwanzigsten Tag

8

Lesen: Landshut

Die Stadt Landshut liegt im Südosten Bayerns und ist eine kreisfreie Stadt. Sie gehört zum Bezirk Niederbayern. Landshut ist mit etwa 73.000 Einwohnern die größte Stadt Niederbayerns und nach Regensburg die zweitgrößte Stadt Ostbayerns. Die Stadt wurde 1204 gegründet und feierte 2004 ihr 800-jähriges Jubiläum.

Alle vier Jahre feiert diese Stadt „die Landshuter Hochzeit" in Erinnerung an die Hochzeit des bayerischen Herzogs Georg mit der polnischen Königstochter Hedwig im Jahr 1475. Diese Hochzeit ist eines der berühmtesten, größten und historischsten Festspiele Deutschlands sowie Europas.

Worterklärung

Südosten (無冠詞で) 南東
kreisfrei (都市が) 独立の
gehören zum Bezirk Niederbayern ニーダーバイエルン地域に属している
et^4 gründen ～^{4}を創設する、設立する
ein Jubiläum feiern 記念祭を祝う
alle vier Jahre 4年ごとに
in (または zur) Erinnerung an et^4 ～^{4}の思い出 (記念) のために
einer/eine/eines + 複数2格 (または von+複数3格) ～の一つ、～の一人
sowie 及び、並びに

Textverständnis

1) Wo liegt Landshut?
2) Ist die Landshuter Hochzeit eine der berühmtesten Hochzeiten?
3) Die Landshuter Hochzeit findet alle fünf Jahre statt. *richtig / falsch*

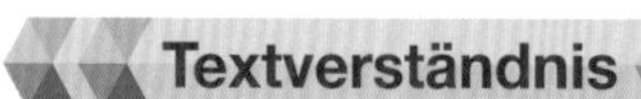

9

❶ 音声を聞いて、次の質問に答えましょう。

1) Mit wem fährt Finn nächstes Wochenende nach Landshut?
2) Wie lange dauert es etwa von München nach Landshut?
3) Landshut war einst die Hauptstadt Deutschlands. *richtig / falsch*

die Burg Trausnitz ランツフートの旧市街の丘の上にある城で、ヴィッテルスバッハ家 (バイエルン王) の居城
r Backsteinturm/-türme レンガ造りの塔
s Wandgemälde/- 壁画
e Keramik/-en 陶 [磁] 器、焼き物

❷ パートナーとランツフートの歴史ついて調べて会話しましょう。

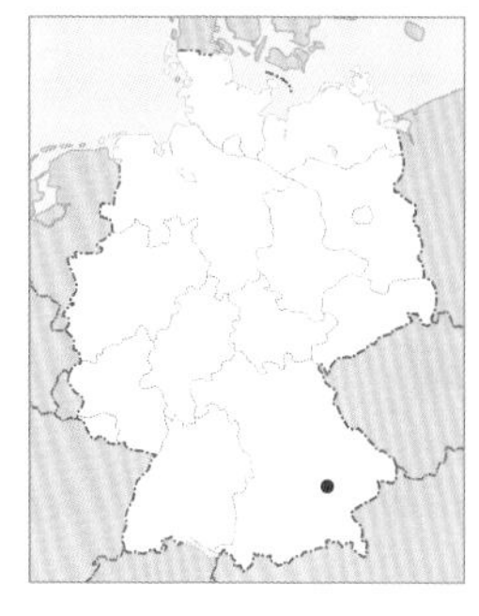

Landshut

ランツフート（Landshut）はドイツのバイエルン州にあり、かつてはバイエルンの首都でもあった都市です。文書には早くも1150年に現れますが、1204年にランツフートとトラウスニッツ城（Burg Trausnitz）は、バイエルン公ルートヴィヒ１世によって正式に設立されました。

ランツフートのゴシック様式とルネサンス様式の街並みは中央ヨーロッパにおいて、文化的、また歴史的にも非常に重要です。そして、旧市街の建築物は大変保存状態が良く、ドイツ国内でも重要な地区となっており、世界遺産にもノミネートされています。

このランツフートでは、４年に一度「ランツフートの結婚式（Landshuter Hochzeit）」が行われます。この世界で最も有名な「結婚式」は、1475年に当時の君主であった公爵の息子ゲオルク（Georg der Reiche）とポーランド国王の娘ヘドヴィク（Hedwig von Polen）の結婚式を再現する祭典で、1903年に145人で始まりました。当初はパレードが毎年行われ、後に3年に一度にな1985年以降、4年に一度行われるようになりました。お祭りの開催期間はおよそ一か月で、ハイライトである日曜には「結婚式の行列」、「結婚パーティ」や騎馬試合、演劇やコンサートなども行われ、街中が華やかな雰囲気に包まれます。

聖マルティン教会（Martinskirche/St. Martin）。教会塔は高さ130ｍで、最も高いレンガ造りの教会塔。

Heidelberg ist eine Großstadt, die im Südwesten von Deutschland liegt.

Wortschatz

発音してみましょう。また、意味を調べましょう。

mit|kommen	e Mensa	s Tagesmenü	gemischt	s Schloss
e Lust	dauern	e Stunde	e Großstadt	r Studentenkarzer

In der Mensa

Dialog 1

Finn: Ich gehe jetzt in die Mensa. Kommst du mit?
Yurina: Ja, gern.
Finn: Was nimmst du?
Yurina: Ich nehme das Tagesmenü, Schweinegeschnetzeltes in Rahmsoße mit Reis. Und du?
Finn: Ich nehme ein Schweineschnitzel mit Pilzragout und einen gemischten Salat.
Yurina: Isst du immer so viel zu Mittag?
Finn: Nein, nicht so viel. Aber jetzt habe ich großen Hunger.

Dialog 2

Finn: Hast du am Wochenende etwas vor?
Yurina: Nein, nichts Besonderes. Warum?
Finn: Ich will mit Elias das Schloss Heidelberg besuchen. Hast du auch Lust dazu?
Yurina: Ja, aber wo liegt Heidelberg? Und wie lange dauert es von München bis dahin.
Finn: Etwa 3 Stunden. Heidelberg ist eine Großstadt, die im Südwesten von Deutschland liegt.
Dort gibt es die Ruprecht-Karls-Universität Heidelberg. Sie ist eine der ältesten Universitäten in Europa und auch die älteste Universität Deutschlands. Da kann man den Studentenkarzer besichtigen.
Yurina: Sehr interessant! Ich freue mich schon auf das Wochenende.

Schlüsselsätze

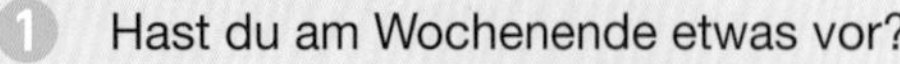

1. Hast du am Wochenende etwas vor?
2. Heidelberg ist eine Stadt, die im Südwesten von Deutschland liegt.

Worterklärung

mit ～ （無冠詞）～添えの
Nichts besonderes. 特に何もない
Wie lange dauert es? どのくらい時間がかかるのですか？（非人称のes）
etwa ～ Stunde/Stunden およそ～時間
es gibt et⁴/jn ～⁴がある、いる
der Studentenkarzer 学生牢
sich⁴ auf et⁴ freuen ～⁴を楽しみにしている（再帰表現）

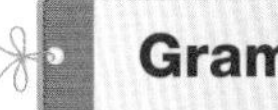

Textverständnis

1) Isst Finn in der Mensa zu Mittag?
2) Was isst Yurina in der Mensa?
3) Besucht Felix heute das Schloss Heidelberg?
4) Ist die Ruprecht-Karls-Universität Heidelberg die älteste europäische Universität?
5) Worauf freut sich Yurina?

Grammatik 1

非分離動詞、分離非分離動詞もあるよ！

分離動詞

基礎動詞にab, an, auf, aus, bei, ein, mit, nach, vor, zuなどの前つづりをつけて異なる意味の動詞を作ることがあります。前つづりにアクセントがあるものを分離動詞といいます。

前綴り　基礎動詞
áuf + stehen ➡ áuf|stehen　起きる

Ich stehe morgen um 6 Uhr auf.　私は明日6時に起きます。

Übungen 1

❶ （　　）に動詞を、下線部に前つづりを適切に入れましょう。

1) Lukas (　　　　) in München ＿＿＿＿.　ルーカスはミュンヘンで乗り換えます。(um|steigen)
2) Der ICE (　　　　) um 8 Uhr ＿＿＿＿?　ICEは８時に出発します。(ab|fahren)
3) Wir (　　　　) Ihnen unseren Sohn ＿＿＿＿.　私たちはあなた方に息子を紹介します。(vor|stellen)
4) ＿＿＿＿ Sie mich bitte morgen ＿＿＿＿!　明日私に電話してください！(jn⁴ an|rufen)
5) ＿＿＿＿ du heute am Seminar ＿＿＿＿?　君は今日ゼミに参加するの？(an ～³ teil|nehmen)

❷ 与えられた語を使って作文しましょう。ただし、必要な場合は適切な形に直すこと。

1) an|kommen / in Berlin / um wie viel Uhr / der Bus / ?　そのバスは何時にベルリンに到着しますか？
2) statt|finden / morgen / das Konzert / im Konzertsaal / .　そのコンサートは明日コンサートホールで開催されます。
3) vor|bereiten / meine Mutter / das Mittagessen / .　私の母親は昼食の支度をします。
4) besichtigen / der Kölner Dom / morgen / wir / .　私たちは明日ケルン大聖堂(*r*)を見学します。
5) die Mutter / das Kind / erklären / der Grund / .　その子供(*s*)は母親(*e*)に理由(*r*)を説明します。

（非分離動詞：参照14ページ）

Grammatik 2

定関係代名詞

先行詞を必要とする関係代名詞を定関係代名詞といい、先行する名詞の代わりと後続する文を結ぶ役割をします。定関係代名詞の変化は2格と複数3格を除いて、定冠詞と同じです。

Der Mann ist unser Lehrer.　その男性は我々の先生です。

Felix hat gestern dem Mann den Weg zum Bahnhof gezeigt.

フェリックスは昨日その男性に駅への道を教えました。

Der Mann, dem Felix gestern den Weg zum Bahnhof gezeigt hat, ist unser Lehrer.

フェリックスが昨日駅への道を教えた男性は我々の先生です。

	男性	女性	中性	複数
1格	der	die	das	die
2格	dessen	deren	dessen	deren
3格	dem	der	dem	denen
4格	den	die	das	die

定関係代名詞の性と数は、先行詞の性と数に一致します。

定関係代名詞は、関係文の中での役割に応じて格が変化します。

関係文はコンマで区切られ、定関係代名詞は先行詞のできるだけすぐあとに置きます。また、関係文の定動詞は文末に置きます（定動詞後置）。

Der Mann, { der dort steht / dessen Sohn ein bekannter Sänger ist / dem Felix gestern den Weg zum Bahnhof gezeigt hat / den Herr Mayer sucht / mit dem meine Schwester spricht / der immer in Nagoya umsteigt }, ist unser Lehrer.

- der dort steht
  （その男性が）あそこに立っている
- dessen Sohn ein bekannter Sänger ist
  （その男性の）息子さんが有名な歌手である
- dem Felix gestern den Weg zum Bahnhof gezeigt hat
  （その男性に）フェリックスが昨日駅への道を教えた
- den Herr Mayer sucht
  （その男性を）マイヤーさんが探している
- mit dem meine Schwester spricht
  （その男性と）私の姉が話している
- der immer in Nagoya umsteigt
  （その男性が）いつも名古屋で乗り換える

定冠詞は省略

前置詞は定関係代名詞の前

分離動詞は文末で一語に！

補足の表現 -非分離動詞、分離・非分離動詞-

アクセントを持たない前つづりを持つ動詞を非分離動詞といいます。
be-, er-, ent-, emp-, ge-, ver-, zer-, miss- の前つづりがつく場合は非分離動詞です。

be + kommen ➡ bekómmen　手に入れる

使う時にも分離しないよ！

Mein Kind bekommt ein Geschenk zu Weihnachten.
私の子供はクリスマスにプレゼントをもらいます。

durch, hinter, über, um, unter, voll, wider, wiederなどの前つづりは、意味によって**分離動詞・非分離動詞**になります。

例）**übersetzen** 翻訳する / **über|setzen** 向こう岸へ渡す

Übungen 2

❶ (　　) に適切な定関係代名詞を補いましょう。

1) Die Studentin, (　　　　　) immer ein rotes Kleid trägt, ist meine Cousine.
いつも赤いワンピースを着ているその学生(e)は私の従姉です。

2) Das Mädchen, (　　　　　) Foto ich dir gezeigt habe, jobbt in einem Café.
ぼくが君に昨日写真を見せた少女(s)はカフェでアルバイトしています。

3) Kennst du den Mann, (　　　　　) Lena gestern geholfen hat?
君はレーナが昨日助けたその男性を知っているかい？

4) Der Laptop, (　　　　　) ich meinem Sohn gekauft habe, ist sehr praktisch.
私が息子に買ったノートパソコン(r)はとても実用的です。

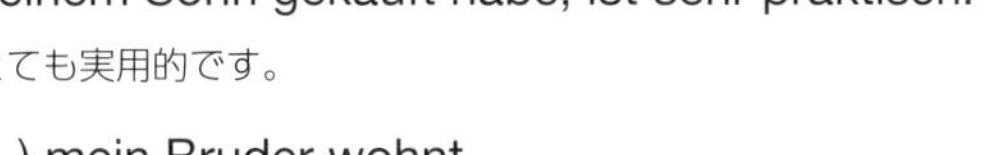

5) Das ist die Stadt, in (　　　　　) mein Bruder wohnt.
ここが私の兄が住んでいる街(e)です。

❷ 下線の名詞を先行詞として、２つの文を結びましょう。

1) Das ist das Museum. Wir wollen morgen das Museum besuchen.
これは僕たちが明日訪れるつもりの美術館(s)です。

____

2) Hanna hat eine Tante. Die Tante arbeitet in NY.
ハンナにはNYで働いている伯母さん(e)がいます。

____

3) Wo liegt das Hotel? / Meine Eltern übernachten morgen in dem Hotel.
私の両親が明日宿泊するホテル(s)はどこにありますか？

____

4) Kennst du das Land? Die Hauptstadt des Landes ist Prag.
君は首都がプラハである国(s)知っているかい？

____

5) Die Ausländer kommen aus den USA. Ich habe gestern den Ausländern den Weg gezeigt.
私が昨日道を教えた外国人(pl.)はアメリカ出身です。

____

補足の表現 -指示代名詞-

指示代名詞のder, die, dasなどは定関係代名詞と同じ変化をする代名詞です。指示代名詞は直前の名詞を指し示し、同語の反復を避ける場合や強調する場合に用いられます。

Wie findest du den Rucksack? – Den finde ich sehr praktisch.　　指示代名詞は原則文頭
君はそのリュックサックをどう思う？　　　それをとても良いと思う。

▶人称代名詞（参照：4ページ）も、名詞を言い換えます。

13

Lesen: Burgenstraße

Kennen Sie die Burgenstraße, die am Barockschloss Mannheim beginnt? Die Burgenstraße ist eine der bekanntesten und ältesten Ferienstraßen Deutschlands. Entlang der Straße stehen über 60 Burgen, Schlösser und Burgruinen. Die Strecke wurde 1954 zwischen Mannheim und Nürnberg angelegt und 1994 bis nach Prag verlängert.

Auf der Burgenstraße gibt es viele Ausflugsziele wie Rothenburg ob der Tauber. Die Burgenstraße und die Romantische Straße kreuzen sich hier in dieser kleinen Stadt. Rothenburg ist eine mittelalterliche Stadt, deren Altstadt von einer Stadtmauer umgeben ist. Die Stadt ist auch für das Festspiel „Der Meistertrunk" bekannt. An der Burgenstraße liegen viele weitere attraktive Städte wie Mannheim, Heidelberg, Nürnberg, Bamberg und Bayreuth. Machen Sie bitte einmal einen Ausflug in dieser historischen Ferienstraße!

Worterklärung

e Burgenstraße 古城街道（ドイツの観光街道の一つ）
e Ferienstraße 観光街道
entlang＋3格 ～³に沿って（名詞の後ろに置かれることがある）
e Burg/-en 城、城壁
s Schloss / Schlösser 城
e Burgruine/-n 城の廃墟、城址
e Strecke/-n 区間
et⁴ verlängern ～⁴を長くする、延長する
s Ausflugsziel/-e ハイキングや小旅行の目的地
e Romantische Straße ロマンチック街道
sich⁴ kreuzen 交差する
mittelalterlich 中世（風）の
e Stadtmauer/-n （中世の）市の外壁
et⁴ umgeben ～⁴を取り囲む
s Festspiel/-e 祝祭劇
sich⁴ finden 見つかる、…がある

Textverständnis

1) Wo beginnt die Burgenstraße?
2) Wie viele Burgen und Schlösser gibt es der Straße entlang?
3) Wo kreuzen sich die Burgenstraße und die Romantische Straße?

Hören und Sprechen

14

❶ 音声を聞いて、次の質問に答えましょう。

1) Hat Yurina schon einmal die Nürnberger Burg besucht?
2) Ist die Nürnberger Burg eine Doppelburg?
3) Wann wollen sie nach Nürnberg fahren?

das Schloss Neuschwanstein
ルートヴィヒ2世によって建築された城
die Nürnberger Burg
カイザーブルクとグラーフェンブルクから成る中世の最重要の城の一つ
doppel- （接辞）二重の
Heiliges Römisches Reich 神聖ローマ帝国
***e* Burg/-en**
城、城塞、城壁（10～16世紀）軍事機能がある
***s* Schloss/Schlösser**
城、城館（15/16世紀～19世紀）軍事機能なし

❷ ニュルンベルクについて調べて、パートナーと会話しましょう。

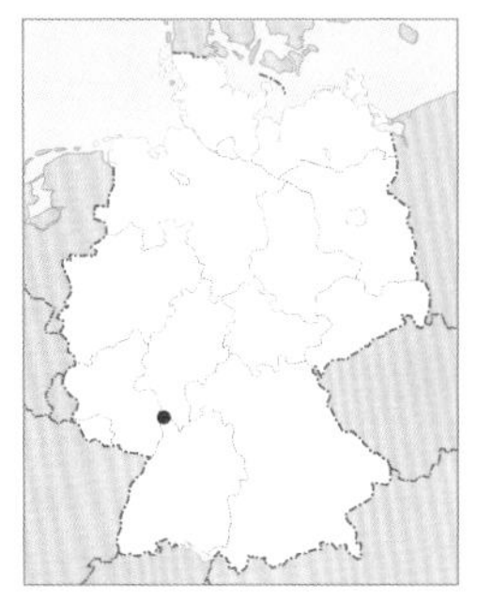

古城街道沿いの街、ハイデルベルクはドイツの南西部、バーデン=ヴュルテンブルク州にあり、人口16万人で同州では第5番目の都市です。このネッカー河畔の古都は、ドイツ最古の大学がある大学都市としても有名です。

街を見下ろす高台にはハイデルベルク城、旧市街には精霊教会と騎士の家（現在ではホテルとレストラン）があります。この騎士の家は、1592年に織物商人シャルル・ベリエによって建造された、ハイデルベルクに残る最も古い建物です。

街を見下ろすハイデルベルク城は、プファルツ継承戦争（1688年～）で破壊されるまでは、プファルツ選帝侯の居城でした。現在はドイツ3大名城とも呼ばれ、ドイツにおける最も有名な城址の一つでもあります。ハイデルベルク城はいくつかの城館、塔や庭園などから形成されていて、城館ごとに名称がつけられています。ゴシック様式のループレヒト館、ルネサンス様式のオットー・ハインリヒ館、ネオ・ルネサンス様式のフリードリヒ館などがあります。ハイデルベルク城にはいくつかの伝説もあり、その一つが「悪魔の一噛み」（Der Hexenbiss）と呼ばれるもので、城門塔に付けられた来訪者を知らせるリングに残る小さな「噛みあと」がそれです。「このリングを噛み切ることに成功した者に城をゆずる」という城主の言葉に挑戦した悪魔の噛みあとが残っていると言われています。また、フリードリヒ館には22万リットル入る世界最大のワイン樽（現存するものは4代目）があり、そのワイン樽の向かいには、道化師でワインの番人であったペルケオの像を見ることができます。この道化師は毎日15リットルのワインを飲んだと伝えられています。

ハイデルベルク城からはネッカー川を越えて対岸を川沿いに東西に続く「哲学者の道（Der Philosophenweg）」も見えます。この哲学者の道は、ゲーテやヘルダーリンが愛したと伝えられていて、日本の「哲学の道」はこれに憧れて命名されたようです。旧市街と対岸をつなぐカールテオドール橋から望むハイデルベルク城も圧巻です。

ドイツには古城街道以外にも、ロマンチック街道、メルヘン街道、ゲーテ街道、ファンタスティック街道、エリカ街道、アルペン街道など素敵な観光街道があります。いつか皆さんも訪れてみては。

ネッカー川とカールテオドール橋

旧市街から望むハイデルベルク城

Lektion 3 Was hast du am Wochenende gemacht ?

15 **Wortschatz** 発音してみましょう。また、意味を調べましょう。

draußen	bekommen	*e* Tasse	*s* Stück	*r* Käsekuchen
e Sahne	*s* Geburtshaus	*e* Festung	also	eigentlich

Im Café

16 **Dialog 1**

Kellner: Guten Tag!
Finn: Guten Tag! Können wir draußen sitzen?
Kellner: Aber natürlich. Bitte, kommen Sie mit!

Kellner: Was bekommen Sie?
Yurina: Ich möchte eine Tasse Tee und ein Stück Käsekuchen.
Kellner: Mit Sahne?
Yurina: Ohne Sahne, bitte. Und du, Finn?
Finn: Ich hätte gerne einen Kaffee mit Milch, bitte.

17 **Dialog 2**

Finn: Was hast du am Wochenende gemacht?
Yurina: Am Wochenende bin ich mit Sophia nach Salzburg gereist. Dort haben wir Mozarts Geburtshaus und die Festung Hohensalzburg besucht.
Finn: Schön! Am Wochenende war ich den ganzen Tag zu Hause.
Yurina: Warum denn?
Finn: Ich hatte am Montag einen Test, deshalb musste ich viel lernen. Eigentlich wollte ich am Samstag mit Luka Tennis spielen.
Yurina: Ich möchte auch Sport machen. Wollen wir in der nächsten Woche Tennis spielen?

Schlüsselsätze

1. Was hast du am Wochenende gemacht?

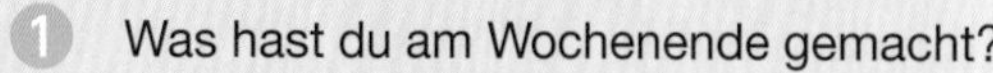

2. Eigentlich wollte ich am Samstag mit Luka Tennis spielen.

Worterklärung

Was bekommen Sie? (飲食店などで) 何になさいますか？
ein Stück Käsekuchen チーズケーキ1個
Mit Sahne? クリームをお付けになりますか？
Ich hätte gern(e) et[4] ～[4]が欲しいのですが
Kaffee mit Milch ミルク入りのコーヒー
den ganzen Tag 一日中
Sport machen スポーツをする

Textverständnis

1) Was bestellt Yurina im Café?
2) Wohin ist Yurina am Wochenende gefahren?
3) Mit wem hat Yurina Mozarts Geburtshaus besucht?
4) Was hat Finn am Wochenende gemacht?
5) Was wollte Finn am Samstag machen?

Grammatik 1

話法の助動詞 (人称変化表 参照：3ページ)
動詞と結びつき、「意志、願望、推量」などの意味を付け加える助動詞を話法の助動詞といいます。

Er spricht gut Deutsch. 彼は上手にドイツ語を話します。
↓ können ～することができる
Er **kann** gut Deutsch **sprechen**. 彼は上手にドイツ語を話すことができます。

話法の助動詞
dürfen, können, müssen, sollen
wollen, mögen, möchte

不定詞は文末

Übungen 1

❶ (　　) に適切な語を補いましょう。

1) (　　　　) ich das Fenster aufmachen? 窓を開けましょうか？
2) Hier (　　　　) man nicht rauchen. ここで喫煙してはいけません。
3) (　　　　) wir zusammen ins Café gehen? カフェに行きませんか？
4) Thomas (　　　　) morgen bis spät jobben. トーマスは明日遅くまでアルバイトしなくてはならない。
5) Ich (　　　　) den Film. 私はその映画が好きです。

❷ 与えられた話法の助動詞を使って、書き換えましょう。

1) Fährst du Auto? (können) ______________________
2) Er ist schwer krank. (müssen) ______________________
3) Wohin reist ihr in den Sommerferien? (wollen) ______________________
4) Sie rufen ihn doch an. (sollen) ▶Sie (敬称) ______________________
5) Was trinkst du? (möchte) ______________________

Grammatik 2

❶ 過去の表現　-過去形-

過去形は、主に手紙や小説などの書き言葉で多く用いられます。特別なニュアンスを表現する場合を除いて、会話ではあまり使われません。しかし、sein、haben、werden、話法の助動詞は、会話でも過去形を多く用います。

過去人称変化

	不定詞		sein		
	過去基本形		war		
ich	▲	war▲	wir	-en/n	waren
du	-st	warst	ihr	-t	wart
er	▲	war▲	sie / Sie	-en/n	waren

Mein Vater war früher in Berlin.
私の父は以前ベルリンにいました。

Ich hatte damals einen Hund.
私は当時犬を一匹飼っていました。

Als Kind wollte Finn Pilot werden.
子どもの頃、フィンはパイロットになりたかった。

❷ 過去の表現　-現在完了形-

現在完了形は、日常の会話表現やメールなどで使われます。

haben / sein　……　過去分詞

Ich **habe** gestern den ganzen Tag **gearbeitet**.　私は昨日、一日中仕事をしていました。

Nach der Arbeit **bin** ich ins Restaurant **gegangen**.　仕事の後で私はレストランに行きました。

sein – war – gewesen / haben – hatte – gehabt

語順

現在完了形の文では、2番目に完了の助動詞habenまたはseinが、そして文末に過去分詞が置かれる

haben支配
- 他動詞（4格目的語を取る動詞）
- sein支配以外の自動詞
  例）arbeiten, helfen等

sein支配
- 場所の移動を表す自動詞：gehen、fahren、kommen、fliegen など
- 状態の変化を表す自動詞：werden、wachsen、sterben、aufstehen、einschlafenなど
- 突発的な出来事を表す自動詞：geschehen、erscheinenなど
- その他：sein、bleiben、begegnenなど

補足の表現 -過去完了形-

nachdemやsobaldを使う時など、過去の出来事の前後関係をはっきりさせるために、過去完了形を用いることがあります。

hatte / war　……　過去分詞

Nachdem ich sie angerufen hatte, bin ich abgefahren.
私は彼に電話してから（した後で）、出発しました。

Sobald der Bus angekommen war, sind viele Leute eingestiegen.
バスが到着するやいなや、多くの人々が乗車しました。

❶ (　　) 内の不定詞を過去形にして下線に入れましょう。

1) Wo ________ du am Wochenende? 君は昨日どこにいたの？
Ich ________ zu Hause. (sein) 私は家にいたよ。

2) ________ ihr damals gut tanzen. 君たちはその当時上手に踊れたのですか？
Ja, wir ________ sehr gut tanzen. (können) はい、私たちは上手に踊れました。

3) ________ Finn früher eine Katze? フィンは以前猫を飼っていたのですか？
Ja, er ________ eine Katze. (haben) はい、彼は猫を飼っていました。

4) Was ________ ihr gestern machen? 君たちは昨日何をしなければならなかったの？
Gestern ________ wir Gitarre üben. (müssen) 昨日ぼくたちはギターの練習をしなければならなかったよ。

5) ________ du, dass ich Lehrer bin? (wissen) 君は僕が教師だと知っていたの？
Nein. Ich ________, du bist Student. (denken) いいえ。(ぼくは) 君は大学生だと思っていたよ。

wissen, kennen, denken など、心理を表す動詞や状態を表すstehen、非人称表現の es gibt「～がある」なども、日常表現で過去形を用いることが多いよ！

❷ 与えられた語句を使って現在完了形の文章を作りましょう。seinまたはhabenを補うこと。

1) その列車は20時にミュンヘンに到着しました。
in München / um 20 Uhr / an|kommen / der Zug

____

2) 君たちは既に『グッバイ、レーニン！』という映画(r)を見ましたか？
der Film „Good Bye Lenin!“/ sehen / schon / ihr

____

3) 君はベルリンの大学で何を専攻していましたか？
in Berlin / was / studieren / du

____

4) 私たちは週末、一日中家にいました。
am Wochenende / den ganzen Tag / zu Hause / bleiben / wir

____

5) あなたは今までにプラハを訪れたことがありますか？
schon einmal / Prag / besuchen / Sie

____

18

Lesen: Mozart

Was für Musik hören Sie gern? Sie kennen bestimmt Mozart! Wolfgang Amadeus Mozart ist einer der berühmtesten und beliebtesten Komponisten der Welt.
Er wurde am 27. Januar 1756 als Sohn des Hofkomponisten und Vizekapellmeisters Leopold Mozart und seiner Frau Anna Maria in dem „Hagenauer Haus", in der Getreidegasse 9 in Salzburg, geboren. Er fing bereits mit drei Jahren an, Cembalo zu spielen. Mit vier lernte er Geige. Schon mit fünf, im Jahr 1761, komponierte er sein erstes Musikstück. Mozart und seine Schwester spielten 1762 vor der Kaiserin Maria Theresia Klavier. Nachdem er mehr als 600 Werke geschrieben hatte, starb er am 5. Dezember 1791 in Wien. Er war erst 35 Jahre alt. Sein Name und seine Werke wurden erst lange nach seinem Tod in vielen Ländern bekannt.
Mozart gilt mit Haydn und Beethoven als einer der drei großen Meister der Wiener Klassik. Seine Werke haben großen Einfluss auf die Musik der Gegenwart. Ich glaube, Sie haben schon viele seiner Werke gehört.

Worterklärung

was für ～? どんな（種類の）～?
geboren wurde 生まれた（またはgeboren sein 生まれた）
mit ～ (Jahren) ～歳の時に
s Musikstück/-e 音楽作品、楽曲
am 27. Januar 1756　1756年1月27日に
bereits (=schon) 既に
et[4] an|fangen　～[4]を始める
als / für et[4] gelten　～[4]と見なされている

Textverständnis

1) Wo wurde Wolfgang Amadeus Mozart geboren?
2) Wann schrieb er sein erstes Musikstück?
3) Mozart ist einer der bedeutendsten deutschen Musiker der Barockzeit. *richtig / falsch*

Hören und Sprechen

19

❶ 音声を聞いて、次の質問に答えましょう。

1) War Finn schon mal in Salzburg?
2) Welche Sinfonie hört Yurina gern?
3) Wie alt war Mozart, als er die Sinfonie komponierte?

die 25. Sinfonie (Die Sinfonie g-Moll KV 183) モーツァルトの交響曲第25番ト短調
Amadeus ピーター・シェーファーの戯曲を基にした映画（1984年）。モーツァルトとサリエリの人生が脚色を加えて描かれている
KV (Köchelverzeichnis) ケッヘル目録（モーツァルトの作品目録）。この目録によって付されたのが「ケッヘル番号」

❷ ドイツ語圏の作曲家について調べて、パートナーと会話しましょう。

オーストリアの名所

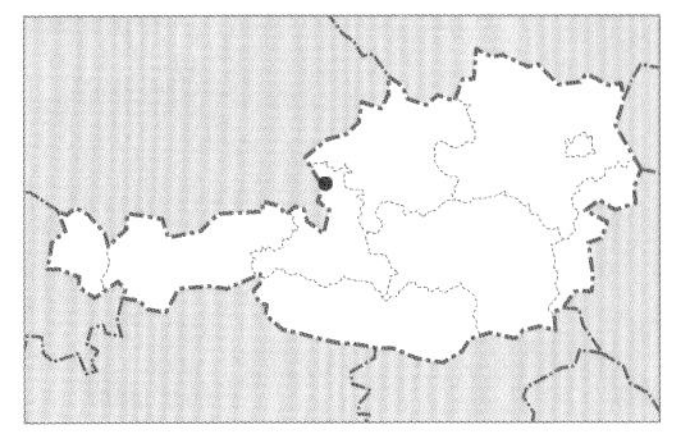

Salzburg

ドイツとの国境近くにあるオーストリアの都市ザルツブルク。ザルツSalzは塩、ブルクBurgは城という意味です。この街はかつて岩塩の産地でした。ザルツブルクにはバロック様式の建築物が数多く残っており、世界遺産に登録されています。

小高い山頂から街を見下ろすホーエンザルツブルク城は街のシンボルです。旧市街にはヨーロッパ最大のパイプオルガンがある大聖堂や、レジデンツと呼ばれる大司教の宮殿があります。

ザルツブルクはモーツァルトの生誕地としても有名で、彼の一家が暮らしていた家は今も残っておりミュージアムになっています。ザルツブルクは現在もウィーンに並ぶ音楽の街であり、毎年夏に開催されるザルツブルク音楽祭Salzburger Festspieleは世界的に有名です。またアメリカのミュージカル映画『サウンド・オブ・ミュージック』の舞台としても知られています。

「オーストリア土産の定番チョコレート菓子「モーツァルトクーゲルン」発祥のお店フュルスト（写真はGetreidegasse店）

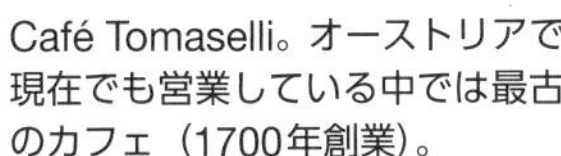

Café Tomaselli。オーストリアで現在でも営業している中では最古のカフェ（1700年創業）。

ザルツァッハ川から望むホーエンザルツブルク城

ザルツァッハ川のほとりにある生家に佇むカラヤンの像

Lektion 4 Ich freue mich schon darauf, nach Prag zu reisen.

Wortschatz

発音してみましょう。また、意味を調べましょう。

pl. Sommerferien　*r* Urlaub　*e* Hälfte　*r* Anfang　interessieren
ander　*e* Sehenswürdigkeit　unbedingt　*r* Verbrauch　freuen

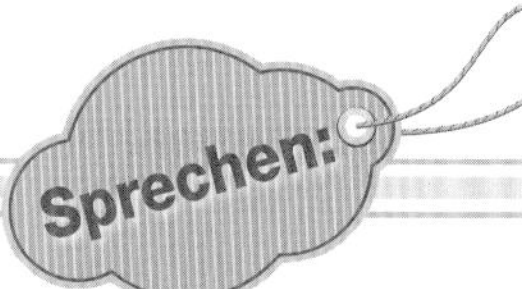

Sommerferien

Dialog 1

Finn: Weißt du, dass die Sommerferien bald beginnen?
Yurina: Ja, genau. Sag mal, was du in den Sommerferien vorhast!
Finn: Ich habe leider noch keinen Plan. Und du?
Yurina: Von Ende Juli bis 20. August werde ich in Japan bleiben, um den Urlaub bei meiner Familie zu verbringen.
Finn: Was willst du sonst noch in Japan machen?
Yurina: Ich will meine Freunde treffen und meine Oma besuchen. Ich freue mich schon auf die Sommerferien.

Dialog 2

Finn: Was willst du in der letzten Hälfte der Sommerferien machen?
Yurina: Ich habe vor, Anfang September eine Reise nach Prag zu machen.
Finn: Schön! Reist du allein?
Yurina: Nein, mit Sophia. Wir wollen die Prager Burg, das Mucha-Museum und das Bedřich Smetana Museum besuchen.
Finn: Interessierst du dich für Kunst?
Yurina: Ja, ich interessiere mich sehr für Kunst und Musik. Ich möchte mir auch die Prager Rathausuhr ansehen.
In Prag gibt es sonst noch viele andere Sehenswürdigkeiten.
Finn: In Tschechien muss man unbedingt Pilsner Bier probieren. Weißt du, dass das Land mit dem meisten Pro-Kopf-Verbrauch von Bier Tschechien ist?
Yurina: Natürlich. Ich freue mich schon darauf, nach Prag zu reisen und dort Bier zu trinken.

Schlüsselsätze

1. Interessierst du dich für Kunst?
2. Ich freue mich schon darauf, nach Prag zu reisen und dort Bier zu trinken.

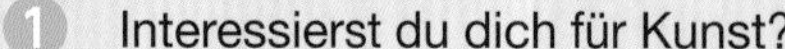

Worterklärung

was 何を～（間接疑問文　参照：41ページ）　leider 残念ながら　Ende Juli 7月の終わり
in der letzten Hälfte der Sommerferien 夏休みの後半に　Anfang September 9月の始め
das Mucha-Museum: Alfons Maria Mucha（1860-1939、グラフィックデザイナー、画家）
das Bedřich Smetana Museum: Bedřich Smetana（1824-1884、作曲家『わが祖国』など）
sich[4] für et[4]/jn interessieren ～[4]に興味がある　sich[3] et[4] an|sehen ～[4]を（じっくり）見る、見物する
die Prager Rathausuhr プラハの天文時計　meist 最も多くの
r Pro-Kopf-Verbrauch 一人当たりの消費量　et[4] probieren ～[4]を試飲（試食）する

Textverständnis

1) Was macht Yurina in der ersten Hälfte der Sommerferien?
2) Was will Yurina in Japan machen?
3) Reist Yurina allein nach Tschechien?
4) Interessiert sich Yurina für Geschichte?
5) Möchte Yurina in Prag Wein trinken?

Grammatik 1

zu不定詞とzu不定詞句

不定詞の前にzuを置いたものをzu不定詞と呼び、これを含む句をzu不定詞句と言います。zu不定詞とzu不定詞句は「～すること」をあらわし、名詞のように扱うことができます。

lernen 学ぶ　→　**zu lernen** 学ぶこと

Deutsch lernen ドイツ語を学ぶ　→　**Deutsch zu lernen** ドイツ語を学ぶこと

不定詞句の語順は日本語に似ているよ！

Beispiel

Deutsch zu lernen ist interessant.　ドイツ語を学ぶことは興味深い。
Es ist interessant, Deutsch zu lernen.

Er verspricht seiner Mutter, morgen früh aufzustehen.　彼は母親に明日早く起きることを約束します。
Hast du Zeit, heute mit mir ins Kino zu gehen?　君は今日ぼくと映画を観に行く時間はあるかい？

Yurina lernt fleißig Deutsch, um in Deutschland zu studieren.
ユリナはドイツの大学で学ぶために熱心にドイツ語を学んでいます。

Übungen 1

❶（　）の語句をzu不定詞句にしましょう。

1) 私はドイツの大学で法学を勉強する(in Deutschland Jura studieren)したいです。
Ich habe Lust, ______________________________.
2) 禁煙する（das Rauchen auf|geben）ことは難しい。
Es ist schwer, ______________________________.
3) 私は明日君とショッピングに行く（morgen mit dir shoppen gehen）時間はない。
Ich habe keine Zeit, ______________________________.
4) フィンは父親に入学試験に合格する（die Aufnahmeprüfung bestehen）と約束します。
Finn verspricht seinem Vater, ______________________________.
5) 私の兄は映画を観に行く（ins Kino gehen）代わりに家で映画を見ます。
Mein Bruder sieht zu Hause einen Film, statt ______________________________.

❷ 与えられた語句を使って、zu不定詞を用いた文章を作りましょう。

1) nicht leicht / beherrschen / Russisch / es / sein / zu
ロシア語をマスターするのは簡単ではない。
Es ______________________________.

2) versprechen / Finn / zu / seine Freundin / morgen / am Seminar / teil|nehmen / zu
フィンはガールフレンドに明日ゼミに参加すると約束します。
______________________________.

3) um / Musik / studieren / fahren / meine Tochter / in Wien / nach Österreich / zu
私の娘はウィーンの大学で音楽を学ぶためにオーストリアへ行きます。
______________________________.

4) keine Lust / am Wochenende / eine Radtour / machen / mit dir / ich / haben / zu
私は、週末に君とサイクリングをする気はない。
______________________________.

5) mein Traum / Bundeskanzlerin / werden / sein / zu
私の夢は連邦首相になることです。
______________________________.

Grammatik 2

❶ 再帰代名詞

文の中で主語と同じもの（自分自身）を表す代名詞を再帰代名詞と呼びます。再帰代名詞には、4格「自分自身を」、3格「自分自身に」の形があります。

	1人称	2人称（親称）	3人称	Sie（敬称）
1格	**ich**	**du**	**er sie es**	**Sie**（敬称）
3格	mir	dir	**sich**	**sich**
4格	mich	dich		
1格	**wir**	**ihr**	**sie**	**Sie**（敬称）
3格	uns	euch	**sich**	**sich**
4格				

再帰代名詞は「～自身」を表すよ！

敬称も、再帰代名詞は小文字だよ！

4格「自分自身を」

Er wäscht sich⁴. 彼は自分自身の体を洗う。

Er wäscht ihn. 彼は彼（主語とは別の人）の体を洗う。

3格「自分自身に」

Sie kauft sich³ ein T-Shirt. 彼女は自分にTシャツを買う。

Sie kauft ihr ein T-Shirt. 彼女は彼女（主語とは別の人）にTシャツ買う。

❷ 再帰動詞

再帰代名詞と結び付けて1つのまとまった意味をあらわす動詞を再帰動詞といいます。

sich⁴ setzen　座る
Mein Vater setzt sich⁴ auf das Sofa. 私の父はソファーに座ります。

sich⁴ auf et⁴ freuen　～を楽しみにしている
Ich freue mich⁴ auf die Sommerferien. 私は夏休みを楽しみにしています。

sich⁴ an et⁴/jn erinnern　～を思い出す、覚えている
Er erinnert sich⁴ noch an seine Großeltern. 彼はまだ彼の祖父母のことを覚えています。

sich⁴ für et⁴/jn interessieren　～に興味を持つ
Wir interessieren uns⁴ für klassische Musik. 私たちはクラシックに興味があります。

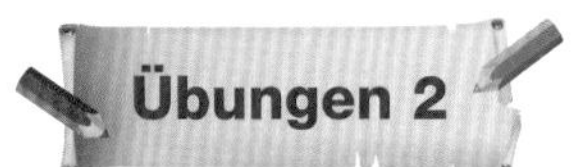

Übungen 2

❶ 下線に適切な再帰代名詞を補って、文章を完成させましょう。

1) Ich freue __________ über das Geburtstagsgeschenk.
私は誕生日プレゼントを嬉しく思います。

2) Interessierst du __________ für den neuen Film von Fatih Akin?
君はファティ・アキンの新しい映画に興味はありますか？

3) Wir erinnern __________ noch an ihn.
私たちはまだ彼のことを覚えています。

4) Mein Bruder ärgert __________ immer über den Professor.
私の兄はその教授にいつも腹を立てます。

5) Ich wasche __________ die Hände.
私は手を洗います。(所有の3格)

文法補足　①

体の部位を表す名詞と用いる所有の3格　「自分の～」

Ich wasche mir die Hände.　私は（私の）手を洗う。

Maria putzt sich die Zähne.　マリアは（自分の）歯を磨きます。

主語が複数形の場合：相互的用法　「お互いに」

Meine Eltern verstehen sich sehr gut.　私の両親は（お互いに）理解しあっています。

❷ の中から適切な再帰動詞・代名詞を選び、文章を完成させましょう。必要に応じて語彙を補うこと。

sich⁴ mit et³ beeilen / sich⁴ über et⁴ ärgern / sich⁴ auf et⁴ freuen
sich³ et⁴ merken / sich⁴ an et⁴ erinnern

1) 私たちは冬休み（die Winterferien）を楽しみにしています。

____

2) 彼女は彼女の子供時代（seine Kindheit）のことをいつも（immer）思い出します。

____

3) 私は君に腹を立てています。

____

4) 君は仕事を（deine Arbeit）急がなければなりません。

____

5) ぼくは君の携帯電話の番号（deine Handynummer）を覚えておきます。

____

文法補足　②

sein zu 不定詞「～されうる、～されなければならない」

Seine Frage ist schwer zu beantworten.　彼の質問に答えるのは難しい。

Das Auto ist sofort zu reparieren.　この車はすぐに修理されなければならない。

haben zu 不定詞「～するものがある、～しなければならない」

Er hat heute viel zu tun.　彼は今日、することが沢山ある。

Ich habe heute noch zu arbeiten.　私は今日、まだ仕事をしなければならない。

23

Lesen: Franz Kafka

Was würdest du machen, wenn du dich eines Tages plötzlich in einen Käfer verwandelt hättest? Diese bizarre Situation stammt aus der Erzählung „Die Verwandlung“ des tschechischen Schriftstellers Franz Kafka. Er schrieb 1915 diese berühmte Geschichte.
Er wurde in Prag geboren. Damals lag Tschechien unter der Herrschaft von Österreich-Ungarn. Aus diesem Grund schrieb er wohl seine Werke auf Deutsch. Man nennt seine sonderbare Welt „kafkaesk“. Die Hauptfiguren seiner Erzählungen sind meistens keine besonderen Personen wie Gregor Samsa. Sie bemühen sich, ihre absurden Situationen zu verbessern, aber meistens scheitern ihre Bemühungen. Hierbei handelt es sich um unser alltägliches reales Leben.
Zu seinen Lebzeiten wurde seine Arbeit nicht besonders hochgeschätzt. Heute zählt dieser tschechische Schriftsteller aber zu den größten Dichtern der Welt.

カフカの生家跡

『黄金の小路』にあるカフカの仕事場

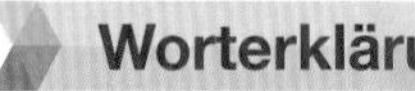

Worterklärung

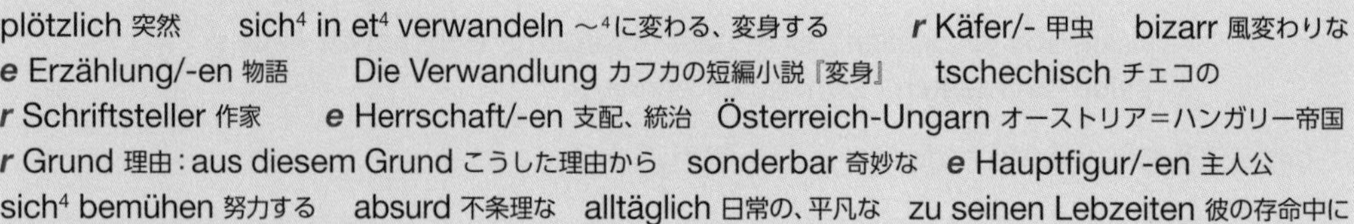

plötzlich 突然　sich^4 in et^4 verwandeln ～^{4}に変わる、変身する　*r* Käfer/- 甲虫　bizarr 風変わりな
e Erzählung/-en 物語　Die Verwandlung カフカの短編小説『変身』　tschechisch チェコの
r Schriftsteller 作家　*e* Herrschaft/-en 支配、統治　Österreich-Ungarn オーストリア＝ハンガリー帝国
r Grund 理由：aus diesem Grund こうした理由から　sonderbar 奇妙な　*e* Hauptfigur/-en 主人公
sich^4 bemühen 努力する　absurd 不条理な　alltäglich 日常の、平凡な　zu seinen Lebzeiten 彼の存命中に

Textverständnis

1) In welcher Sprache schrieb Kafka seine Werke?
2) Haben die Hauptfiguren von Kafkas Geschichten oft Besonderheiten?
3) Worum handelt es sich in Kafkas Werken?

Hören und Sprechen

24

❶ 音声を聞いて、次の質問に答えましょう。

1) Was hat Yurina als Souvenir bekommen?
2) Wird in Prag nur Tschechisch gesprochen?　*ja / nein*
3) Was versucht Yurina in Prag?

e Holzpuppe/-n 木製の人形
e Holzware/-n 木製の商品
kompliziert 複雑な
et^4 strukturieren ～^{4}を構造化する
sich^4 verirren 道に迷う

❷ パートナーとザルツブルク周辺の名所について調べ、話しましょう。

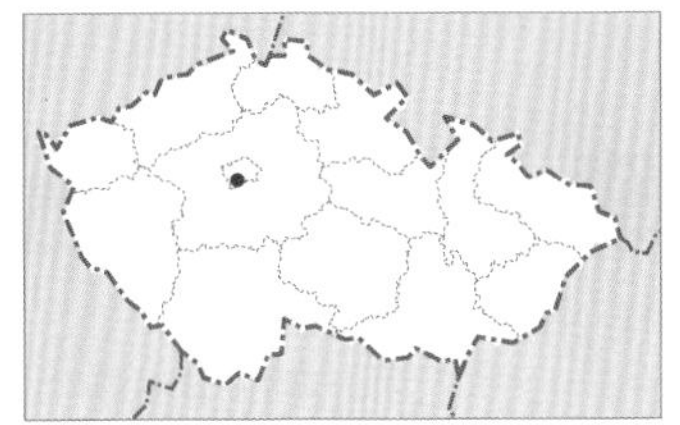

Prag

プラハはドイツの東に隣接するチェコの首都です。この古都は神聖ローマ帝国の首都にもなっており、神聖ローマ帝国崩壊後も第一次世界大戦までオーストリア・ハプスブルク家の統治下にありました。プラハには中世以来の美しい建築物が残っており、世界遺産に登録されています。プラハ城は神聖ローマ帝国時代には皇帝の居城でした。プラハ城内には聖ヴィート教会があります。またかつて錬金術師が住んでいたという一帯は「黄金の小道」と呼ばれています。この一角でカフカは執筆していました。（左ページ写真）

街の中心を流れるヴルタヴァ川は、日本ではドイツ語名のモルダウ川die Moldauとしてスメタナの管弦楽曲『わが祖国』で知られています。川にかかるカレル橋の両側にはキリスト教の聖人像が30体並んでいます。その中には日本史に登場するフランシスコ・ザビエルの姿もあります。橋の名にも残る神聖ローマ皇帝カレル4世は、1348年にドイツ語圏で最初の大学をプラハに設立しました。

また1490年につくられた旧市庁舎の天文時計も有名です。時刻とともに太陽や月の位置が示され、聖人や死神が時を知らせる精巧な仕掛けは見事です。

プラハの天文時計
(die Prager Rathausuhr)

ヴルタヴァ川から臨むプラハの歴史地区とプラハ城

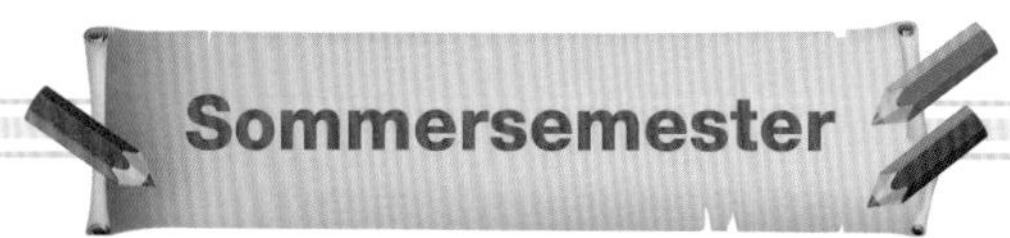

Sommersemester

1 下線部分には冠詞の語尾を、（　　）には前置詞または融合形を補いましょう。

1) Herr Mayer fährt (　　　　) d______ U-Bahn (　　　　) Firma.
   マイヤー氏は地下鉄(*e*)で会社(*e*)へ行きます。
2) (　　　) Wochenende lernt mein Sohn fleißig (　　　　) e______ Test.
   週末(*s*)、私の息子は試験(*r*)のために熱心に勉強します。
3) (　　　　) d______ Unterricht legt der Student die Tasche (　　　　) d______Stuhl.
   授業(*r*)の前に学生はバックを椅子(*r*)の下へ置きます。
4) Wir gehen heute (　　　　) d______ Mittagessen (　　　　) Kino.
   私たちは今日昼食(*s*)の後に映画館(*s*)に（映画を観）に行きます。
5) (　　　　) e______ Woche kommt Mia nicht (　　　　) Schule.
   1週間(*e*)前からミアは学校(*e*)に来ていません。

2 下線部分に適切な形容詞の語尾を補いましょう。

1) Mein Onkel hat eine groß ______ Villa in Karuizawa.　私の伯父は軽井沢に大きな別荘(*e*)を持っています。
2) Wie findet ihr mein neu ______ Auto hier?　君たちはぼくの新しい車(*s*)をどう思う？
3) Dieser rot ______ Rock gefällt meiner Schwester sehr.　この赤いスカート(*r*)を姉はとても気に入っています。
4) Meine französich ______ Freundin hat schön ______ blond ______ Haare.
   私のフランス人のガールフレンド(*e*)は美しいブロンドヘア(*pl.*)をしています。
5) Wie geht es deinen alt ______ Großeltern?　君の年配の祖父母(*pl.*)はお元気ですか？

3 与えられた語を用いて、日本語に合うように作文しましょう。冠詞や動詞は変化させること。

1) vor|haben / ihr / in den Winterferien / etwas　君たちは冬休みに何か予定があるの？

   ____
2) an / teil|nehmen / Alex / dieses Seminar　アレックスはこのゼミ(*s*)に参加するの？

   ____
3) auf|stehen / um wie viel Uhr / jeden Morgen / du　君は毎朝何時に起きるの？

   ____
4) heute Abend / mich / Sie / an|rufen / bitte　今晩私に電話してください！（命令形）

   ____
5) besuchen / ihr Großvater / am Sonntag / Mia　ミアは日曜に彼女の祖父を訪ねます。

   ____

4 （　　）に関係代名詞を補いましょう。

1) Woher kommt der Student, (　　　　) neben dir sitzt?　君の隣に座っている学生(*r*)はどこの出身？
2) Wie heißt das Mädchen, (　　　　) Sie gestern geholfen haben?
   あなたが昨日助けた少女(*s*)は何という名前ですか？
3) Der Rucksack, (　　　　) ich meiner Schwester geschenkt habe, gefällt ihr sehr.
   私が姉にプレゼントしたリュックサック(*r*)は彼女にとても気に入られています。
4) Die Bibliothek, in (　　　　) ich jeden Tag lerne, ist von 9 bis 20 Uhr geöffnet.
   私が毎日勉強している図書館は9時から20時まで開館しています。
5) Die Schülerin, (　　　　) Vater Lehrer ist, spricht sehr gut Japanisch.
   父親が教師であるその生徒(*e*)は、とても上手に日本語を話します。

5 適切な話法の助動詞を補って、次の文章を日本語に合うように書き換えましょう。

1) Emilia spricht sehr gut Japanisch. エミーリアはとても上手に日本語を話すことができます。

2) Fährst du nächste Woche nach Dresden? 君は来週（nächste Woche）ドレスデンへ行くつもりなの？

3) Unser Lehrer ist schwer krank. 私たちの先生は重病だそうです。

4) Im Kino raucht man nicht. 映画館では喫煙してはいけない。

5) Was isst du? 君は何を食べたいの？

6 与えられた語を用いて、日本語に合うように作文しましょう。現在完了形では sein または haben は補うこと。

1) am Samstag / den ganzen Tag / sein / wir / zu Hause 土曜日は、私たちは一日中家に居ました。（過去形）

2) früher / fahren / Ski / mein Bruder / können / gut 以前、私の兄は上手にスキーができました。（過去形）

3) an|kommen / in Berlin / der Zug / schon その列車はもうベルリンに到着しました。（現在完了形）

4) bekommen / viele Weihnachtsgeschenke / mein Kind
私の子供は沢山のクリスマスプレゼントをもらいました。（現在完了形）

5) vorgestern / treffen / unsere Lehrerin / wir 私たちは一昨日私たちの先生(*e*)に会いました。（現在完了形）

7 与えられた語を用いて、日本語に合うように作文しましょう。冠詞や動詞は変化させること。

1) vor|haben / eine Reise nach Wien / zu / in den Sommerferien / wir / machen
ぼくたちは夏休みにウィーンへ旅行をする予定です。

2) ihr Traum / Schauspielerin / sein / zu / werden 彼女の夢(*r*)は俳優(*e*)になることです。

3) statt / ins Café / zu Hause / trinken / Finn / zu / heute / gehen / Kaffee
家でコーヒーを飲む代わりに、フィンは今日カフェへ行きます。

4) sehr interessant / sein / es / beherrschen / zu / eine Fremdsprache
外国語をマスターすることはとても面白い。

5) gehen / in / keine Zeit / ich / haben / zu / die Bibliothek 私は図書館(*e*)に行く時間がありません。

8 下線に適切な再帰代名詞を補って、文章を完成させましょう。

1) Erinnerst du ________ noch an deinen Opa? 君はまだ君のおじいさんのことを覚えているの？
2) Ich ärgere ________ immer über die Politiker. 私はいつも政治家たち(*pl.*)に腹を立てています。
3) Unsere Kinder freuen ________ schon auf die Winterferien.
私たちの子供たちはすでに冬休みを楽しみにしています。
4) Mein Bruder wäscht ________ die Hände. 私の兄は手を洗います。
5) Interessiert ihr ________ für den neuen Film von Daniel Brühl?
君たちはダニエル・ブリュールの新しい映画に興味はありますか？

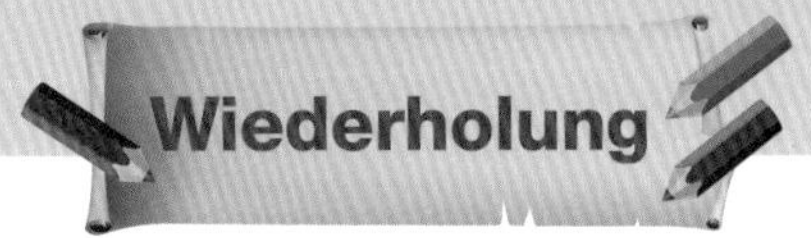

Lektion 5の前に、前半の文法を見直しておきましょう。

形容詞の付加語的用法

1) 形容詞＋名詞

frische Milch

	男性	女性	中性	複数
1格	er	e	es	e
2格	en	er	en	er
3格	em	er	em	en
4格	en	e	es	e

定冠詞類の変化に準じるよ！男性・中性の2格は名詞が格を示すから-enになるね！

2) 定冠詞（類）＋形容詞＋名詞

der fleißige Schüler

	男性	女性	中性	複数
1格	e	e	e	en
2格	en	en	en	en
3格	en	en	en	en
4格	en	e	e	en

男性1格　、女性及び中性の1･4格以外は-e、それ以外は-enになるね

3) 不定冠詞（類）＋形容詞＋名詞

ein kleines Kaninchen

	男性	女性	中性	複数
1格	er	e	es	en
2格	en	en	en	en
3格	en	en	en	en
4格	en	e	es	en

男性1格-er-、女性1・4格-e-、中性の1・4格-es。それ以外は-enになるね。

定関係代名詞

性／格	男性	女性	中性	複数
1格	der	die	das	die
2格	dessen	deren	dessen	deren
3格	dem	der	dem	denen
4格	den	die	das	die

定関係代名詞の性と格は先行詞の性と格に一致します。定関係代名詞は、関係文の中での役割に応じて格が変化します。

関係文はコンマで区切られ、定関係代名詞は先行詞のできるだけすぐあとに置きます。また、関係文の定動詞は文末に置きます（定動詞後置）。

Der Mann, { ... } , ist unser Lehrer.

- der dort steht
  （その男性が）あそこに立っている
- dessen Sohn ein bekannter Sänger ist
  （その男性の）息子さんが有名な歌手である
  定冠詞は省略
- dem Felix gestern den Weg zum Bahnhof gezeigt hat
  （その男性に）フェリックスが昨日駅への道を教えた
- den Herr Mayer sucht
  （その男性を）マイヤーさんが探している
- mit dem meine Schwester spricht
  （その男性と）私の姉が話している
  前置詞は定関係代名詞の前
- der immer in Nagoya umsteigt
  （その男性が）いつも名古屋で乗り換える
  分離動詞は文末で一語に！

過去人称変化

sein 過去基本形 war

ich	—	wir	-(e)n	ich	war▲	wir	waren
du	-st	ihr	-t	du	warst	ihr	wart
er	—	sie/Sie	-(e)n	er	war▲	sie/Sie	waren

現在完了形

haben / sein … 過去分詞

Ich **habe** gestern den ganzen Tag **gearbeitet**. 私は昨日、一日中仕事をしていました。

Nach der Arbeit **bin** ich ins Restaurant **gegangen**. 仕事の後で、私はレストランに行きました。

haben支配
- 他動詞（4格目的語を取る動詞）
- sein支配以外の自動詞

例）arbeiten, helfen等

sein支配
- 場所の移動を表す自動詞：gehen、fahren、kommen、fliegen など
- 状態の変化を表す自動詞：werden、wachsen、sterben、aufstehen、einschlafenなど
- 突発的な出来事を表す自動詞：geschehen、erscheinenなど
- その他：sein、bleiben、begegnenなど

再帰代名詞

	1人称	2人称（親称）	3人称	Sie（敬称）
1格	**ich**	**du**	**er sie es**	**Sie**（敬称）
3格	**mir**	**dir**	**sich**	**sich**
4格	**mich**	**dich**		
1格	**wir**	**ihr**	**sie**	**Sie**（敬称）
3格	**uns**	**euch**	**sich**	**sich**
4格				

再帰代名詞は「～自身」を表すよ！

敬称も、再帰代名詞は小文字だよ！

再帰動詞

sich⁴ setzen　**Mein Vater setzt sich⁴ auf das Sofa.** 私の父はソファーに座ります。

sich⁴ auf et⁴ freuen

Ich freue mich⁴ auf die Sommerferien. 私は夏休みを楽しみにしています。

sich⁴ an et⁴ erinnern

Er erinnert sich⁴ noch an seine Großeltern. 彼はまだ彼の祖父母のことを覚えています。

sich⁴ für et⁴ interessieren

Wir interessieren uns⁴ für klassische Musik. 私たちはクラシックに興味があります。

Lektion 5

Das Bild wurde 1617 von Peter Paul Rubens gemalt.

25

Wortschatz 

発音してみましょう。また、意味を調べましょう。

e Alte Pinakothek	*s* Selbstbildnis	an|bieten	einig	*r* Eintritt
prima	günstig	*s* Lieblingsbild	malen	*s* Gemälde

26

Dialog 1

Yurina: Hast du Lust, am Wochenende mit mir ins Museum zu gehen?

Finn: Ja, gerne! Welches Museum möchtest du besuchen?

Yurina: Die Alte Pinakothek! Da möchte ich das Selbstbildnis von Albrecht Dürer sehen.
Hast du schon mal die Alte Pinakothek besucht?

Finn: Ja, schon dreimal! Am Sonntag gehe ich oft ins Museum.

Yurina: Warum?

Finn: Am Sonntag kostet es in einigen Museen in München nur 1 Euro Eintritt.
Auch in der Alten und Neuen Pinakothek kostet die Eintrittskarte nur 1 Euro.

Yurina: Prima! Das klingt schön!

Finn: Wer die Museen günstig besuchen möchte, soll am Sonntag dahin gehen.

27

Dialog 2

Yurina: Sag mal, was ist dein Lieblingsbild in der Alten Pinakothek?

Finn: Mein Lieblingsbild von dort ist „Das Große Jüngste Gericht". Das Bild wurde 1617 von Peter Paul Rubens gemalt. Das ist das größte Bild, das er hinterließ.

Yurina: Interessant! Das wusste ich nicht.

Finn: Es gibt noch viele weitere interessante Gemälde in dem Museum.

 Schlüsselsätze 

1. Wer die Museen günstig besuchen möchte, soll am Sonntag dahin gehen.
2. Das Bild wurde 1617 von Peter Paul Rubens gemalt.

Worterklärung

die Alte Pinakothek アルテピナコテーク
ミュンヘンには、他に、die Neue Pinakothekとdie Pinakothek der Moderneがある
s Selbstbildnis/-nisse 自画像　Albrecht Dürer（1474-1528、ドイツルネサンス期の画家、版画家）
schon dreimal 既に3回　*r* Eintritt/-e 入場　*e* Eintrittskarte/-n 入場券
Das klingt schön. それはいい(感じ)ですね　Lieblings～ お気に入りの～:das Lieblingsbild お気に入りの絵画
Das Große Jüngste Gericht『最後の審判』（ルーベンス、1617）
Peter Paul Rubens（1577-1640、バロック期のフランドルの画家）　et^4 hinterlassen ～^{4}を後に残す

Textverständnis

1) Wessen Selbstbildnis will Yurina in der Alten Pinakothek sehen?
2) Wie oft hat Finn schon die Alte Pinakothek besucht?
3) Kostet die Eintrittskarte in der Alten Pinakothek immer nur 1 Euro?
4) Wer hat „Das Große Jüngste Gericht“ gemalt?
5) Worauf freut sich Yurina?　▶ worauf: auf was

Grammatik 1

不定関係代名詞

不定関係代名詞のwer「～する人は」、was「～すること・ものは」は、原則として先行詞をそれ自体に含む代名詞で、特定の先行詞がない、または不定代名詞（etwas, nichts, alles等）や名詞化された形容詞（主に最上級）などの限られた場合に用いられます。格変化は疑問代名詞と同じです。

wer「～する人は」：先行詞はない

was「～すること、ものは」：先行詞がない、または特定の先行詞がある

1格	wer	was
2格	wessen	
3格	wem	
4格	wen	was

Wer nicht arbeitet, [der] soll auch nicht essen.　働かざる者、食うべからず。
Wen die Götter lieben , [der] stirbt jung.　神々が愛する人は、若くして亡くなる。(佳人薄命)
Was du sagst, [das] ist falsch.　君の言っていること、それは間違いです。
Das ist alles, was wir wissen.　これが私たちが知っているすべてです。

Übungen 1

❶（　）に適切な不定関係代名詞 was, wer, wenを入れましょう。

1) Ist das das Beste, (　　　　) du tun kannnst?　これが君にできるベストですか？
2) Gibt es etwas, (　　　　) wir machen sollen?　私たちがするべきことは何かありますか？
3) (　　　　) einmal lügt, dem glaubt man nicht.　一度嘘をついた人の言うことは、誰も信じません。
4) (　　　　) nicht rechtzeitig kommt, den kann ich nicht anstellen.
時間通りに来ない人を雇うことはできない。
5) (　　　　) nicht zu raten ist, dem ist auch nicht zu helfen.
忠告を聞かない人は、また助けることもできません。

Lektion 5 Das Bild wurde 1617 von Peter Paul Rubens gemalt.

❷ 与えられた語を使って文章を完成させましょう。必要ならば語彙を変化させること。

1) sagen / du / ich / verstehen / können / was / mir
君が僕に言っていることを理解することができない。

____.

2) geben / nichts mehr / du / es / für sie / tun / können / was
君が彼女のためにできることはもう何もない。

Es ____.

3) vertrauen / nicht / dem / wem / ich / leihen / kein Geld / ich
信用していない人にはお金を貸しません。

____.

4) anderen / graben / eine Grube / fallen / selbst / hinein / wer
人に落とし穴を掘るものは、自らその穴に落ちるのだ（人を呪わば穴二つ［ことわざ］）。

____.

5) ich / gedenken / immer / wessen / mein Vater / sein
私がいつも思い出す（偲ぶ）のは、私の父です。

____.

受動態の時制

現在	werden … 過去分詞	
過去形	wurde … 過去分詞	
現在完了形	sein … 過去分詞	worden
過去完了形	war … 過去分詞	worden

Grammatik 2

❶ 受動態 －動作受動－

「～される」を意味する受身の行為・動作は、受動の助動詞 **werden** と動詞の過去分詞で表されます。werdenが定動詞の位置に、過去分詞は文末に置かれます。

werden			
ich	werde	wir	werden
du	wirst	ihr	werdet
er	wird	sie	werden

動作受動

1) 能動文の主語（動作主）が人の場合　von ＋ 3格

Der Lehrer fragt **die Studentin.** 先生はその学生に質問します。

Die Studentin wird **von dem Lehrer** gefragt. その学生は先生に質問されます。

能動文の4格目的語が受動文の主語になるよ！

動作主が人の時はvon ＋ 3格
原因や手段の時はdurch ＋ 4格 になるね！

2) 能動文の主語（動作主）が意思を持たない事物の場合　durch ＋ 4格

Der Taifun zerstörte **die Stadt.** 台風はその街を破壊しました。(過去)

Die Stadt wurde **durch den Taifun** zerstört. その街は竜巻によって破壊されました。(過去)

3) 能動文の主語が一般人称のmanなど不特定な場合または動作主を言う必要がない場合、省略されます。

In Österreich spricht **man Deutsch.** オーストリアではドイツ語を話します。

manが省略されるね！

In Österreich wird **Deutsch** gesprochen. オーストリアではドイツ語が話されます。

状態受動

動作が完了した後の状態「されたままになっている」を表す場合、状態受動が用いられます。
これはseinと過去分詞で作られます。

動作受動　**Das Fenster wird geschlossen.**　窓は閉められる。

状態受動　**Das Fenster ist geschlossen.**　窓は閉まっている（閉められたままの状態である）。

Übungen 2

❶ 下線に適切な語を補って、受動態の文章を完成させましょう。

1) Laura __________ von ihrer Mutter gelobt.
ラウラは母親に褒められます。

2) Ich __________ von einem Arzt untersucht.
私は医者に診察されました（過去）。

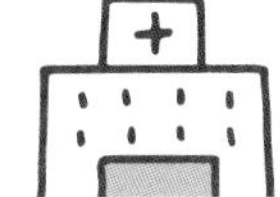

3) Die Haustür __________ plötzlich durch den Wind geöffnet.
玄関のドアが風で急に開いた（過去）。

4) Das Museum __________ durch das Erdbeben zerstört.
その美術館は地震で破壊されました（過去）。

5) Die Bibliothek __________ von 9 bis 17 Uhr geöffnet.
図書館は9時から17時まで開館しています。

❷ 下線部を主語にして、次の文章を受動文に書き換えましょう。

1) Der Vater fragt den Sohn.　父親が息子(*r*)に尋ねます。

____

2) Die Dame schrieb diesen Brief.　そのご婦人がこの手紙(*r*)を書きました。

____

3) Der Lehrer macht das Fenster auf.　教師が窓(*s*)を開けます。

____

4) Auch in der Schweiz spricht man Französisch.　スイスでも（人は）フランス語を話します。

____

5) Die Touristen besuchen diese Stadt.　観光客たち(*pl.*)がその街(*e*)訪れます。

____

28

Lesen: Attraktionen in München

München ist eine beliebte Stadt sowohl für ausländische Touristen als auch für Deutsche. Was sind die Attraktionen von München? In der Stadt kann man überall verschiedene Spezialitäten probieren. Ich empfehle euch besonders, zum Biergarten am Viktualienmarkt zu gehen und dort in der Sonne Weißbier (Weizenbier) und Weißwürste zu probieren. Dort kann man gleich nette Leute kennen lernen und sich mit ihnen unterhalten. Die Einheimischen haben wohl Interesse, woher die Touristen kommen oder was ihnen in München gut gefällt, weil fast alle Münchner stolz auf ihre Stadt sind.

München ist stark katholisch beeinflusst. Darüber hinaus hält das Glockenspiel am Neuen Rathaus die Fußgänger am Marienplatz, sobald die erste Glocke ertönt. Dieser große Platz wird jedes Jahr beim Oktoberfest mit Leuten überschwemmt. Es ist das größte Volksfest in Deutschland, zu dem etwa 6 Millionen Leute kommen, um Münchner Biere zu genießen.

Worterklärung

sowohl A als auch B AもBも両方とも
verschieden（＋複数名詞）さまざまな
jn kennen lernen（分離動詞）～[4]と知り合う
einheimisch その土地の、地元の（Einheimische 地元の人たち：形容詞の名詞化）
auf et[4]/jn stolz sein ～[4]を誇りに思う
darüber hinaus そのうえ、さらに
überschwemmen あふれる
e Attraktion/-en 魅力
e Spezialität/-en 名産品、特産物
sich[4] mit jm unterhalten ～[3]と楽しく話しあう
jn beeinflussen ～[4]に影響を与える
s Glockenspiel 仕掛け時計
et[4] genießen ～[4]を楽しむ、(美味しいものを)食べたり飲んだりする

Textverständnis

1) Was sind die Spezialitäten von München?
2) Worauf sind die Münchner stolz?
3) Wann wird der Marienplatz mit Leuten überschwemmt?

Hören und Sprechen

29

❶ 音声を聞いて、次の質問に答えましょう。

1) Was möchte Yurina diesmal sehen?
2) Woher kommt Carl Spitzweg?
3) Was ist das Thema seiner Kunst?

r Künstler/- 芸術家（女性 -in）
s Meisterwerk/-e 傑作
s Jahrhundert/-e 世紀 *das 19. Jahrhundert*
Carl Spitzweg (1808-1885) ロマン派後期～ビーダーマイヤーを代表するドイツの画家
s Alltagsleben 日常生活

❷ ドイツの画家や芸術家について調べて、パートナーと会話しましょう。

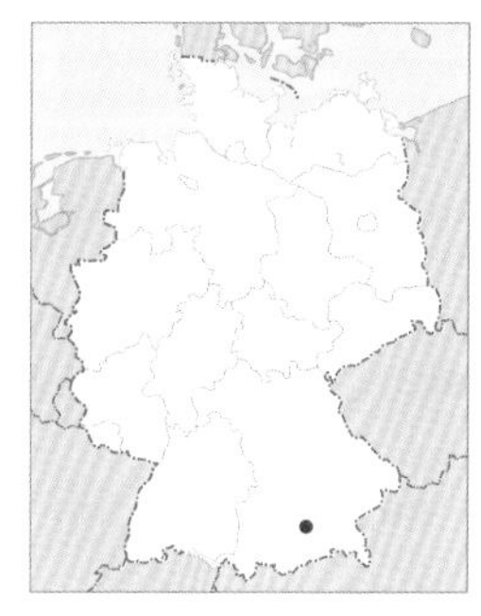

München

ミュンヘンは温暖な気候に恵まれて過ごしやすく、最も人気のある都市のひとつです。ミュンヘンはバイエルン州の首都ですが、その規模にもかかわらず、はじめて訪れたさいにもアットホームな雰囲気を感じることでしょう。ここでは、見たいもの、食べたいもの、経験したいものなど、ほとんどのものに出会えるでしょう。

ミュンヘンは歴史や文化が詰まった魅力あふれる都市です。ホフブロイハウスをはじめ、街の至るところにミュンヘン産のビールを楽しめるお店やビアガーデンがあり、この街ならではの美味しいものを口にできます。とくに、小麦をふんだんに使った白ビール(ヴァイツェンビーア)と茹でた白ソーセージは絶品です。空気が乾燥していることもあり、ビールが飲みやすく、どちらもとっても美味しいです。白ソーセージは朝早くに買い、新鮮なうちに調理し、食べて、「お昼の教会の鐘を聞かせてはならない」とも言われています。

ミュンヘンは美術館、博物館、記念館の宝庫と言ってもいいでしょう。三つのピナコテーク、この街で活躍した「青騎士」の作品を集めたレンバッハハウス美術館、州立博物館が、さらに大学の敷地内には、ナチスに抵抗した学生グループ「白バラ」の記念碑と資料館が、悲しい記憶を留めています。またFCバイエルンの本拠地「アリアンツアレーナ」にも充実したクラブミュージアムがあります。

聖母教会やテアティーナー教会などカトリックの教会以外にも見事な建築物に感動を覚えるでしょう。広大な庭園の中にたたずむニュンフェンブルク宮殿はバロック建築で、内部も豪華絢爛です。さらに町の中心部のマリーエン広場にそびえる新市庁舎の仕掛け時計は人々の目をくぎ付けにします。毎年ある時期に、この広場が人々であふれることがあります。いつなのかご存知ですか?オクトーバーフェストの時期です。それはドイツで最大の祝祭で、世界中から約600万もの人々が、バイエルンの民族衣装をまとって、美味しいビールと料理を目当てにこの都市にやって来ます。さらにこの広場では、ここ何年も連続してFCバイエルンの優勝祝賀会(Meisterfeier)が行われています。バルコニーに選手たちが登場するや、広場は歓喜と熱気に包まれます。

ぜひ、みなさんも、いつかミュンヘンを体験してください!素敵な思い出になること請け合いです!

ミュンヘンの街並み

新市庁舎とFCバイエルンのフラッグ

Wenn ich viel Geld hätte, würde ich durch ganz Europa reisen.

発音してみましょう。また、意味を調べましょう。

sich⁴ verabreden	*r* Hauptbahnhof	wahr	verstehen	sich⁴ treffen
r Cappuccino	nirgendwohin	*s* Lotto	gewinnen	*r* Millionär

Vor dem Kino

31

Dialog 1 (Am Telefon)

Finn: Hallo Yurina, wo bist du jetzt?
Yurina: Hallo Finn, jetzt bin ich am Hauptbahnhof.
Finn: Es ist schon 16 Uhr. Wir haben uns heute um 15.30 Uhr vor dem Kino verabredet, nicht wahr?
Emilia und ich sind schon vor dem Kino.
Yurina: Tut mir leid, das habe ich falsch verstanden. Ich dachte, dass wir uns um 16.30 Uhr treffen.
Finn: Ah, ich verstehe.
Yurina: Ich beeile mich! Ich komme gleich.
Finn: Nicht so hastig! Wir haben viel Zeit. Wir sind im Café vor dem Kino.

32

Dialog 2

Kellner: Was möchten Sie trinken?
Finn: Ich hätte gern einen Espresso, bitte. Und du? Was möchtest du trinken?
Emilia: Ich hätte gern einen Cappuccino, bitte.
Kellner: Gerne!

◆◇◆◇◆

Finn: Was hast du im Sommer vor?
Emilia: Ich habe noch keine Ahnung. Aber ich glaube, dass ich diesen Sommer nirgendwohin reisen kann. Ich habe kein Geld. Ich brauche deshalb die ganzen Sommerferien zu jobben.
Finn: Weißt du, dass Herr Müller im Lotto gewonnen hat?
Emilia: Ja, er ist jetzt Millionär! Sag mal, was würdest du machen, wenn du Millionär wärst?
Finn: Wenn ich so viel Geld hätte, würde ich durch ganz Europa reisen. Und du?
Emilia: Ich würde mir in Ibiza eine Villa kaufen und mich den ganzen Sommer erholen.

Schlüsselsätze

1. Ich habe falsch verstanden, dass wir uns um 16.30 Uhr treffen.
2. Was würdest du machen, wenn du Millionär wärst?

Worterklärung

auf dem Hauptbahnhof 中央駅で
Das könnte möglich sein. それはあり得ることさ
Sag mal, ... (何か尋ねたいときに) ねえ、ところで
deshalb それゆえ、したがって
die ganzen Sommerferien 夏休み中
durch ganz Europa ヨーロッパ中を
..., nicht wahr? ～でしょう？
Nicht so hastig! そんなに慌てないで！
Ich habe noch keine Ahnung. まだ全然分からないよ
brauchen (nicht) zu 不定詞 ～する必要がある (ない)
im Lotto gewinnen 宝くじに当選する
sich[4] erholen 休養する

Textverständnis

1) Auf wen warten Finn und Emilia?
2) Um wie viel Uhr sollten sie sich treffen?
3) Was macht Emilia in den Sommerferien?
4) Hat Finn im Lotto gewonnen?
5) Was würde Emilia machen, wenn sie Millionärin wäre?

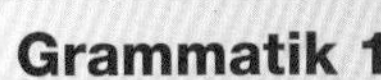

Grammatik 1

従属接続詞

従属の接続詞とは、「もし～ならば」「～かどうか」「～ということ」「なぜならば～だからだ」など、時間関係、論理展開などを明確にする接続詞です。これに導かれる文を副文といい、定動詞は文末に置かれます（定動詞後置）。また、主文と副文は、必ずコンマで区切ります。

wenn もし～ならば/～するときは（いつも）	**dass** ～ということ	**ob** ～かどうか
weil / da なぜならば～だからだ	**bevor** ～する前に	**obwohl** ～であるにもかかわらず
solange ～する限り［時間的に］	**soweit** ～する限り［範囲］	**damit** ～するために［目的］

Wir machen im Sommer eine Reise nach Deutschland. Wir haben genug Geld.

wenn「もし～ならば」

主文　副文

Wir machen eine Reise nach Deutschland, **wenn** wir [　　] genug Geld **haben**.
私たちは、もし十分にお金があればドイツ旅行をします。

Beispiel

副文が先行すると、主文は定動詞から！

Wenn wir genug Geld haben, machen wir eine Reise nach Deutschland.
もし十分にお金があれば、私たちはドイツ旅行をします。

助動詞の位置に注意！

Weil Lena die Prüfung bestehen will, muss sie jetzt fleißig lernen.
レーナはその試験に合格したいと思っているので、彼女は熱心に勉強しなければならない。

主文が疑問文の時は、
主文が先行するよ！

Weißt du, ob Paul gut Japanisch sprechen kann?
パウルが上手に日本語を話すことができるかどうか、君は知っているかい？

Übungen 1

ドイツ語のすべての疑問詞は副文の
接続詞としても使えます。

❶ （　　）に以下より適切な接続詞を補いましょう。

wo　　wenn　　wann　　woher　　obwohl

1) (　　　　) es sehr heiß ist, spielt mein Sohn draußen.
とても暑いにもかかわらず、私の息子は外で遊んでいます。

2) Können Sie mir sagen, (　　　　) die U-Bahn-Station ist?
地下鉄の駅がどこにあるのか教えてくださいますか？

3) Wissen Sie, (　　　　) Herr Mayer kommt.
あなたはマイヤー氏がどちらのご出身か知っていますか？

4) (　　　　) ich morgen Zeit habe, besuche ich die Neue Pinakothek.
私は明日時間があれば、ノイエ・ピナコテークを訪れます。

5) Es ist noch nicht klar, (　　　　) wir morgen in München ankommen.
私たちが明日いつミュンヘンに到着するのか、まだはっきりしていません。

❷ 　の中より適切な従属の接続詞を選び、日本語に合うよう作文しましょう。

weil　obwohl　ob　solange　wenn

1) Alex fragt mich. / Meine Schwester kommt morgen zur Uni.
彼は私の姉が明日大学に来るのかどうか、私に尋ねます。

___

2) Herr Klein nimmt nicht an der Konferenz teil. / Er hat eine Grippe.
クライン氏はインフルエンザにかかっているので、会議に参加しません。

___

3) Meine Tochter hat bald eine Aufnahmeprüfung. / Sie lernt nicht fleißig. ＊副文を先行させること。
私の娘はもうすぐ入学試験があるのにも関わらず、まじめに勉強しません。

___

4) Wir machen eine Radtour im Spreewald. / Es regnet morgen nicht. ＊副文を先行させること。
もし明日雨が降らなければ、僕たちシュプレーヴァルトでサイクリングします。

___

5) Sie haben Fieber. / Sie müssen im Bett bleiben.
熱があるうちは、寝ていなければなりません。

___

Grammatik 2

❶ 接続法2式とは

非現実な内容や婉曲表現には接続法を用います。接続法には1式（参照:Lektion 7）と2式の2種類があります。接続法2式には非現実話法と婉曲話法があります。

規則動詞　過去基本形と同じ　例）spielen – spielte

不規則動詞　強変化「過去基本形 + e」　例）gehen - ging - ginge、kommen – kam - käme
混合変化　例）denken – dachte – dächte、mögen – mochte - möchte

重要動詞　sein - war - wäre, haben – hatte – hätte, werden – wurde – würde

不規則動詞では幹母音がa, o, u, auの時は原則として変音します。例外：sollen-sollte, wollen-wollte等

不定詞		spielen	kommen	bringen	sein	haben	werden	können
第2式		spielte	käme	brächte	wäre	hätte	würde	könnte
ich	-	spielte	käme	brächte	wäre	hätte	würde	könnte
du	-st	spieltest	kämest	brächtest	wärest	hättest	würdest	könntest
er	-	spielte	käme	brächte	wäre	hätte	würde	könnte
wir	-n	spielten	kämen	brächten	wären	hätten	würden	könnten
ihr	-t	spieltet	kämet	brächtet	wäret	hättet	würdet	könntet
sie/Sie	-n	spielten	kämen	brächten	wären	hätten	würden	könnten

❷ 非現実話法

実際にはないことを「もし～だったら、～なのになあ」と仮定して述べる方法を、非現実話法と言います。前提部分の「もし～だったら」と帰結部分「～なのになあ」の両方に接続法2式を用います。

基本構文
Wenn 主語 ～ 接続法2式, 接続法2式 主語 ～.
または Wenn 主語 ～ 接続法2式, würde 主語 ～ 不定詞.

Wenn ich viel Geld hätte, würde ich durch ganz Europa reisen.
もしもたくさんお金を持っていたら、ヨーロッパ中を旅行するのになあ。

その他の用法

sein, haben, 話法の助動詞以外は、würde＋不定詞をよく用います。

▶前提部のみで願望を表す　Wenn ich doch viel Zeit hätte!　たくさん時間があったらなあ！
➡ Hätte ich doch viel Zeit!

wennを省略することもあります。

▶als ob「あたかも～のように」　Der Politiker tut, als ob er nichts wüsste.
その政治家は、あたかも何も知らないかのようにふるまいます。

▶wenn以外で前提を表す　Ohne deine Hilfe könnten wir die Arbeit nicht vollenden.
君の助けがなければ、私たちはその仕事を完成させられないだろう。

❸ 婉曲話法

自分の考えや相手への要求を丁寧に（婉曲して）述べる表現です。

直接法	Ich habe einen neuen Vorschlag.	一つ新しい提案があります。
接続法2式	Ich hätte einen neuen Vorschlag.	一つ新しい提案がございますが。

wennを省略することもあります。

その他の用法

▶ möchte (gern) / hätte gern 「～がしたい、～が欲しい」

Ich möchte gern den Kalender nehmen. 私はそのカレンダーを頂きたいのですが。

Ich hätte gern einen Kaffee. コーヒーを一杯頂きたいのですが。

▶ würde gern ～ 不定詞 「～したい」

Wir würden gern um die Welt reisen. 私たちは世界旅行をしてみたい。

▶ könnteなどとともに 丁寧なお願い

Könnten Sie mir (bitte) sagen, wie ich zum Bahnhof komme?

駅への道を教えて頂けないでしょうか？

Übungen 2

❶ （　　）に与えられた動詞を接続法2式の形に直して入れましょう。

1) Wenn ich nicht krank (　　　　　), (　　　　　) ich mit dir einen Ausflug machen. 　sein/werden
病気でなかったら、君とハイキングをするのになあ。

2) Wenn wir genug Geld (　　　　　), (　　　　　) wir ein neues Haus kaufen. 　haben/werden
私たちに十分にお金があれば、新しい家を買うのになあ。

3) Ich (　　　　　) gern einen Cappuccio. 　haben
カプチーノを一杯いただきたいのですが。

4) (　　　　　) ich Sie kurz stören? 　dürfen
ちょっとお邪魔してもよろしいでしょうか？

5) (　　　　　) mein Sohn die Aufnahmeprüfung bestanden! 　haben
私の息子が入学試験に合格していたらなあ！

過去を表すときは完了形を用います。
sein/haben（接続法２式）～ 過去分詞

❷ 次の文章を基にして、接続法２式を用いた文章を作文しましょう。

1) Das Wetter ist schön. Wir machen am Wochenende eine Radtour.
天気が良ければ、ぼくたちは週末にサイクリングするのになぁ。

____

2) Ich bin eine Zauberin. Ich kann meine Mutter von ihrer schweren Krankeit heilen.
私が魔法使いだったら、お母さんの重病を治せるのに。

____

3) Mein Vater ist Millionär.
お父さんが大富豪（百万長者）だったらなあ！

____

4) Ich habe eine Bitte an Sie.
あなたにお願いがあるのですが。

____

5) Können Sie mir sagen? Wann fährt der Zug ab?
その列車がいつ出発するのか教えて頂けないでしょうか？

____

33

Lesen: Die beliebtesten Urlaubsziele der Deutschen

Wohin fahren Japaner im Urlaub? Und wie viel Urlaub haben Japaner?
Rund 80 Prozent der Deutschen nehmen maximal drei Wochen zusammenhängenden Urlaub auf einmal. Viele deutsche Familien verbringen ihren Urlaub in Hotels und Ferienhäusern für Langzeitaufenthalte.
Mecklenburg-Vorpommern gehört zu den beliebten Erholungsgebieten. Die Ostsee ist eines der beliebtesten Urlaubsziele Deutschlands. Rügen und Usedom sind besonders beliebt. Heute soll die Ostsee beliebter sein als Bayern.
Die Deutschen fahren auch gern zum Urlaub ins Ausland. Sie bleiben allerdings lieber in Europa, vor allem am Mittelmeer. Spanien ist seit vielen Jahren das Lieblingsziel von vielen deutschen Touristen, auf Platz zwei liegt Italien, auf Platz drei die Türkei, auf Platz vier Kroatien und danach kommt Österreich. Mallorca wird manchmal als das 17. Bundesland bezeichnet, weil die spanische Insel von Deutschen geliebt wird.
Wenn ich eine Gelegenheit hätte, würde ich mich gerne auf Mallorca erholen.

Worterklärung

im Urlaub 休暇に	rund 80 Prozent およそ80%	zusammenhängend まとまった
auf einmal 一度に	s Ferienhaus 休暇用の別荘	r Langzeitaufenthalt/-e 長期滞在
s Erholungsgebiet/-e 保養地（= r Erholungsort）		s Urlaubsziel/-e 休暇旅行先
allerdings もちろん（～ではあるが）	am Mittelmeer 地中海で	auf Platz zwei 2位の

Textverständnis

1) Was ist das beliebteste Urlaubsziel der Deutschen?
2) Ist Kroatien das zweitbeliebteste Reiseziel der Deutschen? *ja / nein*
3) Ist Mallorca wirklich das deutsche 17. Bundesland? *ja / nein*

Hören und Sprechen

34

❶ 音声を聞いて、次の質問に答えましょう。

1) Hat Finn viel Geld?
2) Was würde Yurina machen, wenn sie viel Geld hätte?
3) Was müssen Finn und Yurina eigentlich machen?

Was ist denn los? 一体どうしたの？
e Villa / Villen 別荘、邸宅
e Weltreise/-n 世界［一周］旅行
weder A noch B AでもBでもない
e Prüfung/-en 試験

❷ 「もし百万長者だったら？」について、パートナーと会話しましょう。

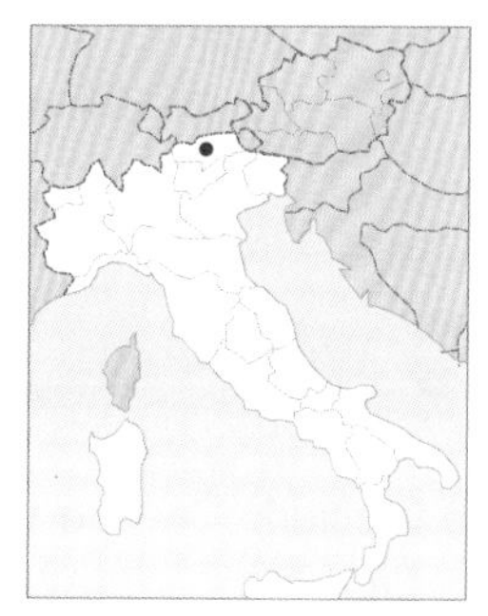

皆さんは「チロル地方」と聞いて、どのあたりを思い浮かべますか。チロル地方はアルプス越えの要衝の地で、元々は神聖ローマ帝国、オーストリア帝国の支配下にあった地域で、名称は現在の南チロルのメラーノ近郊のチロル（ティローロ）が起源とされ、チロル城を本拠地としたチロル伯の支配地域が現在のチロル地方です。支配は神聖ローマ帝国（ハプスブルク）、バイエルン王国、ナポレオン統治によるイタリア王国からウィーン会議後にオーストリア帝国に復帰しました。この地域は、その後のイタリア統一運動後に「未回収のイタリア」と呼ばれた地域でもあり、第1次世界大戦後にサンジェルマン条約によって、南チロル、トレント（トリエント）がイタリアに割譲され、オーストリアには現在のチロル州（当時の北チロルと東チロル）が残されました。これ以外のチロル伯領、現在のコルチナ＝ダンペッツォなどもイタリアに割譲されました。

この南チロル（現在のボルツァーノ自治県とトレント自治県から成るトレンティーノ＝アルト・アディジェ州）は独立運動を経て、1971年の条約により1972年以降自治権が与えられました。現在ではオーストリアのチロル州とイタリアのチロル地域間の国境を越えた協力を促進することを目的としたユーロリージョン（チロル＝南チロル＝トレンティーノ）を設立しています。南チロルでは、駅や標識がドイツ語とイタリア語のダブル表記になっているのもそういった歴史的背景によるものです。また住民の大部分はゲルマン系、ドイツ語を母語話者とする人口も多い地域です。

南チロル地方は、他のイタリアの主要な観光地とは街並みや食文化も異なっています。また、ワイン生産でも3000年の歴史があり、自然豊かな美しい地域です。南チロルの中心都市であるボルツァーノ（独：ボーツェン）は、世界遺産であるドロミテ山脈の玄関口であり、また美しい街並みとチロルの山々を臨む美しい街です。近郊には「虹の湖」とも呼ばれる美しいドロミテ山脈麓のカレッツァ湖、ロープウェイと山脈鉄道をつなぐレノン鉄道、郊外のサレンティーナ渓谷に聳えるロンコロ城（独：ルンケルシュタイン城）、ボルツァーノ県立考古博物館では1991年にアルプス山中（南チロルのエッツ渓谷）の氷河から発見された5300年前のアイスマンと呼ばれるミイラ「エッツィ（Ötzi）」を見学することが出来ます。また、町の中心部のヴァルター広場からは美しい街並みと周辺の山々を眺め、マルクトでは文化の融合した特産物に巡り合うことも。南チロル地方に興味がわいたのではないでしょうか？

イタリア語とドイツ語の2重表記の看板

ドロミテを臨むカレッツァ湖

ヴァルター広場

Lektion 7 Sie sagte mir, sie bleibe ab heute bei ihrer Tante in Berlin.

35

Wortschatz

発音してみましょう。また、意味を調べましょう。

e Freizeit	e Klassik	zusammen	vorhin	wirklich
plötzlich	operieren	überstürzt	erfolgreich	verlaufen

Sprechen:

Im Café

36

Dialog 1

Finn: Sag mal, was machst du gern in der Freizeit?
Yurina: Ich sehe sehr gern Filme und höre gern Musik.
Finn: Was hörst du lieber, Klassik oder Rock?
Yurina: Ich höre lieber Klassik, aber am liebsten höre ich Acid Jazz.
Und du? Was machst du gern in der Freizeit?
Finn: Ich gehe sehr gern ins Konzert und ins Museum.
Ich höre am liebsten Klassik.
Mein Lieblingskomponist ist Antonín Leopold Dvořák.
Gehen wir dieses Wochenende zusammen ins Konzert!
Yurina: Ja, sehr gern!

プラハのルドルフィヌム
前のドヴォルザークの像

37

Dialog 2

Yurina: Weißt du, wo Emilia ist? Vorhin habe ich sie angerufen, aber sie war nicht zu Hause.
Finn: Sie sagte mir, sie bleibe ab heute bei ihrer Tante in Berlin.
Yurina: Wirklich?
Finn: Ja. Ich habe gehört, dass ihre Tante plötzlich operiert werden muss.
Yurina: Emilia sagte, sie wolle heute zu mir kommen und zusammen für den Test lernen.
Sie musste wohl plötzlich abreisen.
Finn: Hoffentlich verläuft die Operation ihrer Tante erfolgreich.

Schlüsselsätze

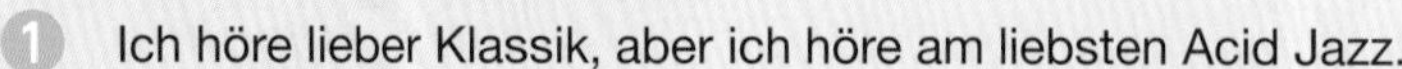

1. Ich höre lieber Klassik, aber ich höre am liebsten Acid Jazz.
2. Sie sagte mir, sie bleibe ab heute bei ihrer Tante in Berlin.

Worterklärung

gern – lieber – am liebsten 好んで～する（副詞：原級、比較級、最上級）
Antonín Leopold Dvořák 1841-1904、後期ロマン派に属するオーストリア帝国ネラホゼヴェス（現在のチェコ）出身の作曲家
vorhin さっき、先刻
hoffentlich …だと良いが、願わくば
語幹＋en wir …! ～しよう！（接続法1式　要求話法）
ab heute 今日から
verlaufen ～の結果に終わる、経過する
erfolgreich 成功した

Textverständnis

1) Wer sieht gern Filme in der Freizeit?
2) Hört Yurina gern Jazz?
3) Was hört Finn am liebsten?
4) Wohin fährt Emilia heute?
5) Warum muss Emilia ihre Tante besuchen?

Grammatik 1

比較表現

形容詞や副詞を用いて、「～と同じくらい」（同等比較）、「～よりも…である」（比較級）、「最も～」（最上級）などを表すことができます。また、変化した比較級及び最上級も語尾を補って名詞の付加語としても用います。

比較級　原級 ＋ er　例）billig – billig<u>er</u>
最上級　原級 ＋ st　例）billig – billig<u>st</u>

-t, -d, -ß, -sch, -z などで終わる形容詞は、最上級の語尾が-estになる。

原級	klein	jung	alt	groß	hoch	gut	viel	gern*
比較級	kleiner	jünger	älter	größer	höher	besser	mehr	lieber
最上級	kleinst	jüngst	ältest	größt	höchst	best	meist	am liebsten

a, o, uを含む形容詞はウムラウトするものが多いね！
-t, -d, -ß, -sch, -zで終わる形容詞は、最上級の語尾が-estになるよ！
gut, viel, gern（副）に注意！ gernはam liebstenのみ！

1) so 原級 wie　Finn ist so groß wie Max.　フィンはマックスと同じくらいの背の高さです。
　Finn ist nicht so groß wie Lukas.　フィンスはルーカスほど背が高くない。
2) 比較級 als　Lukas ist größer als Max und Finn.　ルーカスはマックスとフィンよりも背が高い。
3) am 最上級-en　Ich spiele am liebsten Tennis.　私はテニスをするのが一番好きだ。
4) 定冠詞 形容詞の最上級-e
　Lukas ist der fleißigste in der Klasse.　ルーカスはクラスで一番真面目だ。

最上級の語尾は格変化するよ！
複数形は-enの変化！

Übungen 1

❶ 下線に形容詞または副詞の原級、比較級、最上級を（　　）に意味を補いましょう。

1) neu（　　　　　　　）- ________ - neu[e]st
2) lang（　　　　　　　）- länger - ________
3) ________（　　　　　　　）- näher - nächst
4) selten（　　　　　　　）- seltener - ________
5) ________（　　　　　　　）- edler - edelst

❷ 与えられた形容詞・副詞を正しい形にして（　　）に補いましょう。

1) Meine Mutter ist so (　　　　　　　　) wie mein Vater. alt
私の母は、私の父と同い年です。

2) Ist dein Motorrad (　　　　　　　　) als mein Auto? teuer
君のバイクは僕の車より高価なの？

3) Der Fuji ist mit 3.776 Meter Höhe der (　　　　　　　　) Berg in Japan. hoch
富士山は3,776メートルの高さで日本一高い（山）(*r*)です。

4) Was isst du (　　　　　　　　), Erdbeeren oder Äpfel? gern
君はイチゴとリンゴのどちらが好き？

5) Meine Tochter lernt nur vor Prüfungen am (　　　　　　　　). fleißig
私の娘は試験の前のみ最も熱心に勉強します。

他との比較ではなく、同一のものがある条件の下で「最も～」という場合は、am～sten を用いるよ！

Grammatik 2

❶ 接続法1式とは

接続法1式は、間接話法や要求話法で用います。（接続法2式 参照：Lektion 6）

❷ 間接話法

接続法1式では、他者の発言を引用符を用いて引用する「直接話法」ではなく、話し手の立場から言い直す「間接話法」を表します。

接続法1式基本形　不定詞の語幹 ＋ e

人称変化は過去人称変化と同じ！

不定詞		lernen	fahren	können	haben	werden	sein
第1式		lerne	fahre	könne	habe	werde	sei*
ich	-	lerne	fahre	könne	habe	werde	sei
du	-st	lernest	fahrest	könnest	habest	werdest	sei[e]st
er	-	lerne	fahre	könne	habe	werde	sei
wir	-n	lernen	fahren	können	haben	werden	seien
ihr	-t	lernet	fahret	könnet	habet	werdet	seiet
sie/Sie	-n	lernen	fahren	können	haben	werden	seien

直接話法　Yurina sagte: „Ich lerne fleißig Deutsch.“　ユリナは「私はドイツ語を一生懸命勉強する」と言った。

⬇

間接話法　Yurina sagte, sie lerne fleißig Deutsch.　ユリナは（自分が）ドイツ語を一生懸命勉強すると言った。

基本構文

・直接法での引用符をとり、主文と間接引用文の間をコンマで区切る

・人称代名詞・所有冠詞や時を表す語などは、話者の視点、発話する時点での表現に言い換える。
　例）ich → sie / morgen（明日）→ am nächsten Tag（翌日）

・間接引用文の定動詞を接続法1式にする。

接続法1式の人称変化形が直説法と同じ形になる場合（ich, wir, sie/Sie など）、接続法であることを示すために代わりによく2式が用いられます。

疑問文等

Emilia fragte uns: „Kommt ihr morgen zu meiner Party?“
エミーリアは私たちに「君たちは明日私のパーティに来るの？」とたずねました。

Emikia fragte uns, ob wir morgen zu ihrer Party kommen.
エミーリアは私たちに、（私たちが）明日彼女のパーティに来るか（どうか）たずねました。

Finn fragt seine Freundin: „Was hast du gestern Abend gemacht?“
フィンはガールフレンドに「（君は）昨晩は何をしたの？」とたずねます。

Finn fragte seine Freundin, was sie gestern Abend gemacht habe.
フィンはガールフレンドに、昨晩何をしたのかたずねます。

引用部分が決定疑問文の場合、接続法を用いた間接引用文がob ～ 定動詞（文末/接続法1式）の副文に、補足疑問文の場合は疑問詞～定動詞（文末/接続法1式）のいずれも副文になるよ。

❸ 要求話法

話し手が主に3人称に対して接続法1式で「～であれ」、「～するように」といった願望や要求などを表す表現を要求話法と言い、接続法1式を用います。取扱説明書や薬の説明などでも用いられます。

Man nehme dreimal pro Tag zwei Tabletten. 1日3回、2錠を服用すること。
Jeder Mensch tue das Richtige! 各々正しいことをしましょう！

Sieやwirに対して

Gehen Sie hier geradeaus und die erste Straße nach rechts!
ここをまっすぐ、そして一本目を右に行ってください！（Sieへの命令）
Gehen wir morgen ins Kino! 明日映画を見に行こう！（勧誘、提案）

慣用表現

Möge dir das neue Jahr viel Glück bringen! 新年が君にたくさんの幸福をもたらしますように！
Gott sei Dank! 神に感謝あれ！（やれやれ） ▶Dankが主語、Gottが3格

Übungen 2

❶ 与えられた動詞を接続法1式の形にして下線部分に補いましょう。

1) Das Mädchen sagte, es ＿＿＿＿＿＿ das Bilderbuch schon ＿＿＿＿＿＿. haben / lesen
その少女は（自分が）その絵本を既に読んだと言いました。

2) Finn sagte, er ＿＿＿＿＿＿ morgen seinen Onkel . besuchen
フィンは明日彼の伯父を訪ねると言いました。

3) Herr Stein fragte mich, ob ich Englisch sprechen ＿＿＿＿＿＿. können
シュタイン氏は私に（私が）英語が話せるのかどうかたずねました。

4) Mein Bruder fragte mich, ob Emilia auch zur Party eingeladen ＿＿＿＿＿＿. werden
私の兄はエミーリアもパーティーに招待されているのか私にたずねました。

5) Sophia fragte uns , wo wir jetzt ＿＿＿＿＿＿. wohnen
ゾフィアは私たちに（私たちが）今どこに住んでいるかたずねました。

❷ 次の文章を接続法1式を用いて、日本語に合う間接話法の文章を作文しましょう。

1) Ich fragte meinen Freund: „Wann bist du heute aufgestanden?“
私はボーイフレンドに、彼が今日何時に起きたのかたずねました。

＿＿＿＿＿＿＿＿＿＿＿＿＿＿＿＿＿＿＿＿＿＿＿＿

2) Der Professor fragt mich: „Woher kommen Sie?“
その教授は私に、（私が）どこの出身なのかとたずねます。

＿＿＿＿＿＿＿＿＿＿＿＿＿＿＿＿＿＿＿＿＿＿＿＿

3) Unser Vater sagte uns: „Ich habe am Wochenende ein neues Auto gekauft.“
私の父は（私たちに）、新しい車を買ったと言いました。

＿＿＿＿＿＿＿＿＿＿＿＿＿＿＿＿＿＿＿＿＿＿＿＿

4) Felix sagte uns: „Ich habe heute keine Zeit, mit euch in die Disko zu gehen.“
フェリックスは（彼は）今日私たちとクラブ（ディスコ）に行く時間はないと言った。

＿＿＿＿＿＿＿＿＿＿＿＿＿＿＿＿＿＿＿＿＿＿＿＿

5) Finn fragt mich: „Kommt deine Schwester morgen zu einer Studentenparty mit?“
フィンは私に、私の姉も明日学生パーティに来るかたずねます。

＿＿＿＿＿＿＿＿＿＿＿＿＿＿＿＿＿＿＿＿＿＿＿＿

38

Lesen: Die Berliner Mauer

Nach dem Zweiten Weltkrieg wurde Berlin von den vier Siegermächten, den USA, Großbritannien, Frankreich und der Sowjetunion besetzt. Die Spannungen zwischen den westlichen Ländern und der Sowjetunion wurden immer ernster. Der Premierminister von Großbritannien Winston Churchill sagte, ein eiserner Vorhang sei über den europäischen Kontinent gezogen worden.

Der Konflikt „Kalter Krieg" führte zur Teilung von Deutschland, d.h. die Bundesrepublik Deutschland (BRD) im Westen und die Deutsche Demokratische Republik (DDR) im Osten. Und auch Berlin wurde in zwei Teile geteilt.

Im Jahr 1961 hat die DDR plötzlich eine Mauer errichtet. Sie hieß „Berliner Mauer." Damals waren die Einwohner im Westen reicher als die im Osten. Viele Leute der DDR wollten ihr Land verlassen.

Die Grenze wurde 1989 endlich geöffnet und die Mauer fiel. Nach einem Jahr wurden die zwei deutschen Länder friedlich vereinigt. Seitdem gibt es nur ein einziges Deutschland.

Worterklärung

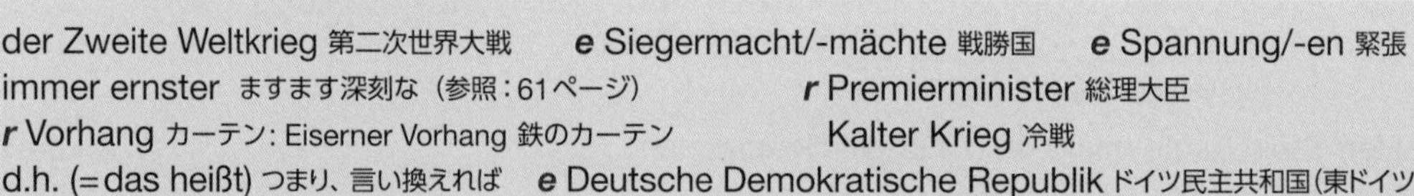

der Zweite Weltkrieg 第二次世界大戦　***e*** Siegermacht/-mächte 戦勝国　***e*** Spannung/-en 緊張
immer ernster　ますます深刻な（参照：61ページ）　***r*** Premierminister 総理大臣
r Vorhang カーテン: Eiserner Vorhang 鉄のカーテン　Kalter Krieg 冷戦
d.h. (=das heißt) つまり、言い換えれば　***e*** Deutsche Demokratische Republik ドイツ民主共和国（東ドイツ）
Berliner Mauer ベルリンの壁　et⁴ verlassen ～⁴を去る　et⁴ vereinigen ～⁴を統一する、一つにまとめる
seitdem ～以来、～してから　einzig 唯一の

Textverständnis

1) Von welchen Ländern wurde Deutschland nach dem Zweiten Weltkrieg besetzt?
2) Womit verglich Churchill den Konflikt zwischen dem Westen und dem Osten?
3) Wann hat sich Deutschland wieder vereinigt?

Hören und Sprechen

39 ❶ 音声を聞いて、次の質問に答えましょう。

1) Welche Stadt ist die größte in Deutschland?
2) Was ist im Wappen von Berlin?
3) Gehört Berlin jetzt zu Brandenburg?　*ja / nein*

e Skulptur/-en 彫刻
s Wappen/- 紋章
r Beiname/-n 別名、あだ名、異名
aus/von et³ stammen ～³に由来する
Albrecht 1. (Albrecht der Bär 1100-1170頃) ザクセン公、ブランデンブルク辺境伯

❷ ドイツの他の州の紋章について調べ、パートナーと会話しましょう。

ドイツの名所 ❹

Berlin

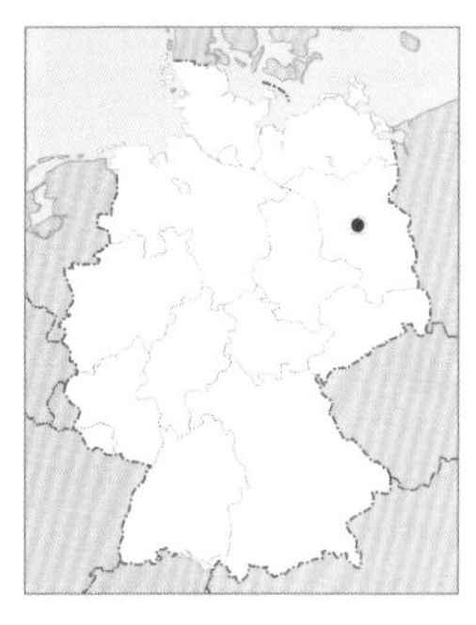

ドイツの首都ベルリンは、ロンドンやパリなど他のヨーロッパの大都市と比べると若い街です。19世紀後半からドイツ帝国の首都として急速に発展しました。街のシンボルであるブランデンブルク門や戦勝記念塔はこの時代のものです。世界最大級のベルリン動物園もあります。ブランデンブルク門から街の目抜き通りウンター・デン・リンデンを進むと、シュプレー川にはさまれた博物館島へ至ります。

20世紀にベルリンは激動の歴史の舞台となってきました。1930年代に入り間もなくヒトラー政権が成立すると、罪のないユダヤ人やマイノリティが迫害されました。第二次世界大戦末期にはソ連軍に攻め込まれ、ベルリンは廃墟と化しました。大規模な「ホロコースト記念碑」や一見気づかないような「つまずきの石」など、当時の悲劇を伝えるモニュメントが工夫を凝らして設置してあります。

第二次世界大戦後ベルリンは東西に分割され、市民は1961年から1989年まで「ベルリンの壁」により自由に行き来できませんでした。現在は一部の区域に壁が保存されており、撤去された跡地にはかつて壁があったことを示す標識などが設置されています。統一後は東側地区の開発も進んできました。今後もベルリンから目を離せません。

夕暮れのブランデンブルク門

虐殺されたヨーロッパのユダヤ人ための記念碑

Lektion 8 Yurina muss ihren voll gepackten Koffer allein schleppen.

40

 Wortschatz

発音してみましょう。また、意味を調べましょう。

zurück|fahren	*s* Souvenir	leider	ganz	vergessen
r Flughafen	*r* Flug	sonst	packen	schleppen

Auf der Party

41

Dialog 1

Emilia: Hast du in den Winterferien etwas vor?
Yurina: Ja, ich fahre morgen nach Japan zurück.
Emilia: Schön! Hast du schon Souvenirs für deine Familie gekauft?
Yurina: Ja, ich kaufte Souvenirs nicht nur für meine Familie, sondern auch für meine Freunde.
Emilia: Wann kommst du nach München zurück?
Yurina: Entweder am 5. oder am 7. Januar werde ich nach München zurückkommen.

42

Dialog 2

Yurina: Leider muss ich bald nach Hause.
Finn: Warum? Es ist erst 22 Uhr!
Emilia: Yurina fährt morgen nach Japan zurück.
Finn: Ah, das habe ich ganz vergessen.
Yurina: Ich muss morgen früh aufstehen und schon um 7.30 Uhr am Flughafen angekommen sein, weil ich um 9.30 Uhr abfliege.
Emilia: Du solltest morgen Yurina mit dem Auto zum Flughafen bringen, sonst muss sie ihren voll gepackten Koffer allein schleppen.
Finn: Aber natürlich! Emilia, kommst du auch mit?
Emilia: Klar!
Yurina: Danke! Das ist nett von euch.
Finn: Also, bis morgen!
Yurina: Tschüs, schönen Abend noch!

 Schlüsselsätze 

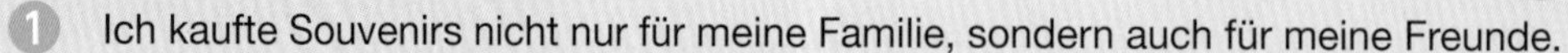

1. Ich kaufte Souvenirs nicht nur für meine Familie, sondern auch für meine Freunde.
2. Du solltest morgen Yurina zum Flughafen bringen, sonst muss sie ihren voll gepackten Koffer allein schleppen.

Worterklärung

nicht nur A, sondern auch B　Aだけでなく Bも　　entweder A oder B　AかBか（どちらか一方）
am 5./6. Januar (=am fünften/sechsten Januar)　1月5日/6日に
sollte（sollenの接続法2式）〜であるべきだ、〜した方が良い　　sonst　さもなければ、そうしないと
ihren voll gepackten Koffer　彼女の荷物でいっぱいのスーツケースを（冠飾句）

Textverständnis

1) Wohin fährt Yurina in den Winterferien?
2) Hat Yurina Souvenirs nur für ihre Familie?
3) Wann kommt Yurina nach München zurück?
4) Warum geht Yurina schon um 22 Uhr nach Hause?
5) Wer bringt Yurina mit dem Auto zum Flughafen?

Grammatik 1

相関接続詞

接続詞の中で、「nicht nur A, sondern auch B」（Aだけでなく Bも）のように、2つ以上の接続詞を用いて、AとBを緊密に結びつける接続詞を「相関接続詞」と呼びます。相関接続詞も、語と語、句と句、そして文と文を結びつけます。

nicht A, sondern B　AではなくてBである　　**nicht nur A, sondern auch B**　Aだけでなく Bも
zwar A, aber B　確かにAだが、しかしBである　　**entweder A oder B**　AかBか（どちらか一方）
sowohl A(,) als auch B　AもBも（両方とも）　　**weder A (,) noch B**　AでもBでもない

Diesen Sommer fahren wir nicht an die Ostsee, sondern ans Mittelmeer.
今年の夏、私たちはバルト海ではなく、地中海へ行きます。

Beispiel

Der Bodensee gehört nicht nur zu Deutschland, sondern auch zu der Schweiz und (zu) Österreich.
ボーデン湖はドイツだけでなく、スイスとオーストリアにも属しています（〜の一部です）。

Mein Sohn ist zwar klein, aber er läuft sehr schnell.
私の息子は確かに小さいが、しかしとても足が速い（とても速く走ります）。

複数の単語の組み合わせで文章を接続するよ!

Übungen 1

1　（　　）に適切な語句を補いましょう。

1) Lukas kann (　　　　) (　　　　) Japanisch, (　　　　) (　　　　) Chinesisch.
ルーカスは日本語だけでなく中国語もできます。

2) Ben ist (　　　　) feige (　　　　) boshaft.
ベンは卑怯でも意地悪でもない。

3) Herr Bauer kommt (　　　　) heute, (　　　　) übermorgen.
バウアー氏は今日ではなくて明後日来ます。

4) Lena kann (　　　　) Tennis (　　　　) (　　　　) Basketball spielen.
レーナはテニスもバスケットボールもできます。

5) Der Student war (　　　　) schwer erkältet, (　　　　) er ging zur Uni.
その学生は酷く風邪をひいていたのだが、しかし大学へ行きました。

❷ 与えられた語を使って、日本語に合うドイツ語の文を作りましょう。

1) zwar / sein / Julia / sehr schön / sie / einen launischen Charakter / aber / haben /, /.
確かにユリアはとても美しいけれど、しかし気分屋だ。

2) sowohl / als auch / mein Onkel / sein / Schauspieler / Sänger /.
私の伯父は俳優でもあり歌手でもある。

3) weder / ich / Kunst / für / noch / für / Sport / sich4 interessieren / , / .
私は芸術にもスポーツにも興味がない。

4) nicht nur / sondern auch / der Minister / ein Lügner / sein / hochmütig / , /.
その大臣は高慢であるだけでなく、嘘つきでもある。

5) entweder / oder / Deutsch / Französisch / müssen / man / hier / sprechen / ?
ここで（人は）フランス語かドイツ語（のどちらか一方）を話さなければならないのですか？

Grammatik 2

❶ 現在分詞と過去分詞

ドイツ語の分詞には「〜した」または「〜された」という意味を表す過去分詞と、「〜している」という意味を表す現在分詞があります。ドイツ語の現在分詞は英語のような現在進行形としては用いません。

現在分詞　不定詞 + d　**an|strengen → anstrengend** 骨の折れる、きつい

Die Arbeit ist anstrengend.　その仕事は骨が折れる。
Das ist eine anstrengende Arbeit.　それは骨の折れる仕事だ。
▶例外: sein – seiend / tun - tuend

過去分詞　「〜された（他動詞）」　**verletzen → verletzt**（負傷した）

Die Verletzten wurden ins Krankenhaus gebracht.　その怪我人たち（*pl.*）は病院へ運ばれた。

過去分詞　「〜した（自動詞）」　**vergehen → vergangen**（過ぎ去った）

Vergangene Woche hat der Herr seinen Freund besucht. 先週その紳士は友人を訪ねた。

過去分詞や現在分詞は、形容詞として名詞化することもできます。
versterben – verstorben → der Verstorbene, die Verstorbene 故人
an|stellen – angestellt → der Angestellte, die Angestellte 会社員
studieren – studierend → der Studierende, die Studierende 大学生

❷ 冠飾句と関係文

過去分詞や現在分詞とともに、多様な修飾語を一緒に付加したものを冠飾句と言います。冠飾句は関係文で言い換えることも可能です。

冠飾句を用いた文章の構造
（冠詞類）+ その他の付加語（形容詞、副詞、前置詞句など）+ 分詞－語尾 + 名詞

Yurina muss ihren voll gepackten Koffer schleppen.
ユリナは荷物がいっぱいに詰められた彼女のスーツケースを引いて行かねばなりません。

Beispiel

Die in der ersten Reihe sitzende Frau ist meine Großmutter. (sitzen – sitzend)
=Die Frau, die in der ersten Reihe sitzt, ist meine Großmutter.
最前列に座っている女性は私の祖母(*e*)です。

Übungen 2

1 (　　) に与えられた動詞を適切な形にして補いましょう。

1) Der Vater des (　　　　　　) hat der Gerichtsverhandlung beigewohnt. an|klagen
被告人(*r*)の父親はその審理を傍聴しました。

2) Die (　　　　　　) kommen aus Dänemark. studieren
その大学生たち(*r*)はデンマーク出身です。

3) Ich habe einer (　　　　　　) den Weg zum Hauptbahnhof gezeigt. reisen
私は旅行者(*e*)に中央駅への道を教えました。

4) Mein Vater ist (　　　　　　). an|stellen
私の父は会社員です。

5) Die Touristen steigen in den gerade (　　　　　　) Zug ein. an|kommen
その旅行者たちは到着したばかりの列車(*r*)に乗り込みます。

2 次の文章を冠飾句を用いた文章に書き換えましょう。

1) Frau Mayer hat die Äpfel, die wegen des Taifuns heruntergefallen sind, billiger gekauft.
マイヤー夫人は台風で落下したリンゴ(*pl.*)をより安く買った。

2) Die Kirche, die von 1398 bis 1515 gebaut wurde, steht im Herzen der Heidelberger Altstadt.
その1398年から1515年に建設された教会(*e*)はハイデルベルクの旧市街の中心にあります。

3) Der Passant, der von meiner Freundin nach dem Weg in die Stadt gefragt wurde, ist mein Bruder. 私のガールフレンドに道を尋ねられた通行人(*r*)は私の兄です。

4) Das Regenwetter, das über eine Woche andauert, bedrückt mich.
一週間以上続く雨天(*s*)で、私は気がめいっています。

5) Wir sehen uns auf dem Hügel den Vollmond an, der am Himmel leuchtet.
私たちは空にきらめく満月(*r*)を丘の上で眺めます。

43

Lesen: Fußball ist unser Leben

Fußball ist nicht nur eine beliebte Sportart, sondern auch ein wichtiges kulturelles Element. Das gilt wohl in fast jedem Land. Heute übt Fußball auf die Wirtschaft oder die Beziehung zu anderen Ländern großen Einfluss aus.

Viele Leute schwärmen für das Tor, aber sie werden auch durch das Gegentor deprimiert. Fußball ist für sie Lebensfreude. Sie führen ein vom Fußball besessenes Leben. Sie kritisieren jedes Spiel, auch wenn ihr Verein gewinnt. Sie freuen sich immer auf das Wochenende, weil fast alle Spiele entweder samstags oder sonntags veranstaltet werden.

Wenn man auf das Thema Fußball in Deutschland kommt, stellt man sich wohl zuerst die Spiele in der Bundesliga vor. Die (erste sowie zweite) Bundesliga besteht aus 18 Vereinen. Jedes Stadion wird immer voll. Die Eintrittskarten werden oft ausverkauft, wenn es auch ein Spiel zwischen kleinen Vereinen ist.

Außer den Bundesligisten gibt es in jeder Stadt mehr oder weniger Fußballvereine. Sie gehören meistens zur Regionalliga. Fleißige Fußball-Fans interessieren sich auch für solche einheimischen kleinen Vereine. Sie beobachten auch das Training und unterhalten sich am Trainingsgelände oder in der Kneipe. Die sich über den Sieg freuenden Fans äußern ihre Meinungen, sogar ihre eigene sogenannte „Fußball-Philosophie".

Worterklärung

auf et^4/jn Einfluss ausüben　～^{4}に影響を与える
jn deprimieren　～^{4}をがっかりさせる
r Verein/-e クラブ: mein Verein 私が応援するクラブ
ausverkauft werden　売り切れる（受動態）
et^4 wiederholen　～^{4}を繰返す
für et^4/jn schwärmen　～^{4}に夢中になる
e Lebensfreude　生きがい
et^4 veranstalten　～^{4}を催す、行う
r Bundesligist/-en ブンデスリーガ所属のチーム（選手）
e Regionalliga　地域リーグ

Textverständnis

1) Wann werden die Bundesligaspiele veranstaltet?
2) Es gibt nur in Großstädten Fußballvereine. *richtig / falsch*
3) Wofür interessieren sich die fleißigen Fußball-Fans außer für ihren Verein?

Hören und Sprechen

44

❶ 音声を聞いて、次の質問に答えましょう。

1) Fußball ist in Japan so beliebt wie in Europa. *richtig / falsch*
2) Was möchte Yurina im Stadion erleben?
3) Was machen Yurina und Finn vor dem Fußballspiel?

Das ist mein Verein. 私が応援するチーム
an et^3/für et^4 Interesse haben　～に対する関心がある
e Weltmeisterschaft/-en ワールドカップ
e Nationalmannschaft/-en ナショナルチーム
begabt （分）才能のある
erfahren （分）経験を積んだ
sich^4 konzentrieren 集中する
s Heimspiel/-e ホームゲーム

❷ ドイツのサッカーや選手について調べて、パートナーと会話しましょう。

ドイツサッカーの歴史

Die Geschichte des deutschen Fußballs

サッカーあるいはフットボールはドイツ語ではフースバルと言います。これは今日、多くの国で絶大な人気を誇るスポーツであり、同時にどの国においても共通する文化の重要な部分となっていると言えます。サッカーはその国や地域の歴史や社会のあり方、そして民族性などと密接につながっています。イングランド発祥のこのスポーツが、どのようにドイツに輸入され、普及していったのかは一般的にあまり知られてはいません。諸説ありますが、中でも、ブラウンシュヴァイクのギムナジウムで教鞭を執っていたコンラート・コッホ（1846-1911）がパイオニアと見なされています。彼は1874年に学校教育の中でサッカーを導入し、翌1875年にドイツではじめて正式なルールを制定しました。コッホは伝統的に教えられていた体操競技とサッカーをかけ合わせ、生徒らに団体スポーツの魅力を伝えました。当初は「イギリス病」と揶揄されながらも、「フェアプレー」や「相手へのリスペクト」を重んじるサッカーは若い人たちの心をとらえて、またたく間に普及し、各地でギムナジウムの生徒や大学生らを中心としたサッカークラブ（Fußballverein）が創設されてゆきます。それに一役買ったのが、イギリスやスイスの、そしてユダヤ系のサッカー指導者たちでした。

ドイツではスポーツのアマチュアリズムが根強く、全国統一のプロリーグとしてのブンデスリーガの導入（1963年）までにはかなりの歳月を要しました。その後は、他のサッカー大国と呼ばれる国のリーグと比べて、圧倒的な集客力を誇るリーグへと成長しています。ブンデスリーガは1部と2部から成り、ともに18クラブで争います。参加への資格はとても厳しく、シーズンごとに財務状況、選手の育成や獲得状況などが適正か精査されます。ですので、リーグおよびクラブ運営の透明性が高く、サポーターとも良好な関係が保たれています。FCバイエルンとボルシア・ドルトムントとのライバル対決を筆頭に、歴史ある名門クラブ同士の対決、昇格や降格のかかる対決、ダービー対決など見どころがいっぱいです。さらに近年、有望な日本人選手が多く活躍するリーグとしても注目されています。

その一方で、ドイツサッカー連盟（DFB: Deutscher Fußball-Bund）が組織する代表チームは、ワールドカップやヨーロッパ選手権を中心に、世界で最も安定して優れた成績を残しているチームと言っていいでしょう。ドイツで生まれ育った選手、他国にルーツを持つ選手、帰化した選手などが混在する現代の代表チームは、過去の偉大なる栄光と多様な文化的背景とともに、これからどのような活躍を見せてくれるでしょうか。

Wintersemester

1 (　　) に適切な不定関係代名詞 was, wer, wem, wen を入れましょう。

1) Das ist alles, (　　　　) ich tun kann.　これが私にできる全てです。
2) (　　　　) ihr sagt, kann ich nicht verstehen.　君たちが言うことを理解できません。
3) (　　　　) Pflanzen und Tiere liebt, hat ein warmes Herz.　植物や動物を愛する者は心が温かい。
4) (　　　　) man selten sieht, den vergisst man leicht.　めったに会わない人のことはすぐ (簡単に) 忘れる。
5) (　　　　) Sie vertrauen, der wird Ihnen auch vertrauen.
あなたが信頼を寄せる人はあなたにも信頼を寄せてくれるでしょう。

2 下線部分を主語に変えて受動態の文章に書き直しましょう。

1) Unsere Kinder besuchen uns am Samstag.　私たちの子どもたち(*pl.*)は土曜日に私たちを訪ねます。

____

2) Der Lehrer lobt den Schüler.　その教師(*r*)はその生徒(*r*)を褒めます。

____

3) Auch in Österreich spricht man Deutsch.　オーストリアでもドイツ語を話します。

____

4) Ihre Mutter kaufte die Tasche.　彼女の母親(*e*)がそのカバン(*e*)を買いました。(過去形)

____

5) Der Taifun zerstörte sein Haus.　その台風(*r*)が彼の家(*s*)を破壊しました。(過去形)

____

3 以下より (　　) に適切な語を補いましょう。

weil　　wenn　　wann　　obwohl　　ob

1) (　　　　) Alex am Wochenende Zeit hat, besucht er seine Oma.
アレックスは週末に時間があれば、彼のおばあさんを訪ねます。
2) Meine Schwester spart jeden Monat 200 Euro, (　　　　) sie nächstes Jahr nach Japan reisen will.　私の妹は来年日本へ旅行するつもりなので毎月200ユーロ貯金しています。
3) (　　　　) es heftig regnet, spielen die Schüler draußen Baseball.
激しく雨が降っているのにもかかわらず、その生徒たちは外で野球をしています。
4) Ich weiß nicht, (　　　　) Emilia morgen zur Party kommt.
私はエミーリアが明日パーティに来るかどうか知りません。
5) Weißt du, (　　　　) der Zug in München ankommt?
君はその列車が何時にミュンヘンに到着するか知っている？

4 与えられた動詞を下線部分に接続法2式にして入れましょう。

1) Wenn ich genug Geld ________, ________ ich ein neues Motorrad kaufen. (haben / werden)
もし十分お金があれば新しいバイクを買うのになあ。
2) Wenn wir viel Zeit ________, ________ wir ins Kino gehen.　(haben / können)
もし僕たちにたくさん時間があれば映画を観に行けるのになあ。
3) ________ ich doch ein großes Auto!　(haben)　大きな車を持っていたらなあ！
4) ________ Sie mir bitte den Weg zum Hauptbahnhof zeigen?　(können)
中央駅への道を教えていただけないでしょうか？
5) Max benimmt sich, als ob er König ________.　(sein)
マックスはあたかも王様かのようにふるまいます。

5 与えられた動詞を下線部分に接続法1式にして入れましょう。

1) Herr Klein sagte uns, er ____________ uns am Samstag. (besuchen)
   クライン氏は土曜日に私たちをたずねると言いました。
2) Mein Bruder sagte mir, er ____________ im Winter nach Hokkaido. (fahren)
   私の兄は冬に北海道に行くと言いました。
3) Frau Mayer rief ihrem Mann zu, er ____________ auf sie warten. (sollen)
   マイヤー夫人は夫に彼女を待っていてと呼びかけました。
4) Ich fragte Emilia, ob sie auch zur Party ____________. (kommen)
   私はエミーリアに彼女もパーティーに来るか尋ねた。
5) Er fragte sie, wo sie jetzt ____________. (wohnen)
   彼は彼女に今どこに住んでいるか尋ねました。

6 与えられた形容詞または副詞を適切な形にして下線部分に補いましょう。

1) Finn ist der ____________ in unserer Klasse. フィンは私たちのクラスで一番大きい (groß)。
2) Ich trinke ____________ Kaffee als Tee. 私は紅茶よりコーヒーを好んで (gern) 飲みます (の方が好きだ)。
3) Der Fuji ist am ____________ in Japan. 富士山は日本で一番高い (hoch)。
4) Ist Japan ____________ als Deutschland? 日本はドイツより小さい (klein)？
5) Fährt der Shinkansen ____________ als der ICE? 新幹線はICEより速い (schnell) ですか？

7 以下より（　）に適切な語句を補いましょう。

zwar A, aber B / entweder A oder B / sowohl A (,) als auch B / weder A (,) noch B / nicht A, sondern B

1) Herr Koch kommt (　　　　　　) heute, (　　　　　　) am Wochenende.
   コッホ氏は今日ではなく、週末に来られます。
2) Wir haben (　　　　　　) Geld (　　　　　　) Zeit.
   私たちはお金も暇もありません。
3) Der Student war (　　　　　　) schwer erkältet, (　　　　　　) er ging zur Uni.
   その学生はひどい風邪をひいていたが、しかし大学へ行った。
4) Schreib mir bitte (　　　　　　) einen Brief (　　　　　　) eine E-Mail!
   私に手紙かメールを書いて下さい。
5) Meine Tochter ist (　　　　　　) klug (　　　　　　) (　　　　　　) sehr schön.
   私の娘は賢くもあり、また美しい。

8 （　）に与えられた動詞を適切な形に直して補いましょう。

1) Die Anwesenden weinten um den (　　　　　　). versterben
   列席者たちは故人(*r*)を悼んで泣きました。
2) Die Zahl der (　　　　　　) Birnen war hoch. herunter|fallen
   落ちた梨の数は多かった。
3) Der Lehrer fragt die (　　　　　　). studieren
   教師はその学生(*e*)に質問します。
4) Die auf der Straße (　　　　　　) Kinder sind meine Söhne. singen
   通りで歌っている子供たち(*pl.*)は私の息子たちです。
5) Der die beiden Städte (　　　　　　) Tunnel wird gebaut. verbinden
   二つの街をつなぐトンネル(*r*)が建設されています。

1 使役の助動詞（lassen）、知覚動詞（sehen, hören）

使役の助動詞　lassen

jn 不定詞 lassen　人⁴に～をさせる、人⁴に～をしてもらう

Der Lehrer lässt die Schüler antworten.　教師は生徒たちに答えさせる。

Ich lasse den Chef eine Empfehlung schreiben.　私は上司に推薦状を書いてもらう。

知覚動詞　sehen / hören

jn 不定詞　sehen / hören : 人⁴が～しているのを見る / 聞く

Wir sehen oft die Leute Fußball spielen.　私たちはその人たちがサッカーをしているのをよく見かけます。

Ich höre das Mädchen fröhlich singen.　私はその少女が嬉しそうに歌っているのを聞く。

2 認容表現

認容表現または不一致の認容とは、仮定と帰結が完全には一致しないことを認める表現です。

1式　es sei denn, dass ～/ es sei denn, 主文 ～　「～の場合を除いて」

Ich gehe morgen mit dir ins Kino, es sei denn, dass du keine Zeit hast.
私は、君が時間がない場合を除いて（～でなければ）、明日君と映画を観に行きます。

sei es A, sei es B　「Aであろうと、Bであろうと」

Sei es heute, sei es morgen, musst du ein Referat halten.
今日であろうと、明日であろうと、君はレポート発表をしなければならない。

2式　auch wenn　「たとえ～であろうとも」

Auch wenn ich Millionär wäre, so würde ich nicht ein solches Auto kaufen.
たとえ私が億万長者だったとしても、そんな車は買わないだろう。

3 接続詞補足 -理由、結果-

so 形容詞/solch- 名詞, dass ～　「あまりにも～なので…だ」

Es regnet so stark, dass wir heute zu Hause bleiben müssen.
雨がとても激しく降っているので、私たちは今日家にいなければなりません。

Es ist ein solcher starker Regen, dass wir heute zu Hause bleiben müssen.
激しい雨のために、私たちは今日家にいなければなりません。

～, sodass/so dass ...　「その結果、それで」

Finn war schwer krank, sodass er nicht kommen konnte.
フィンは重病でした、その結果（それで）彼は来ることが出来ませんでした。

4 接尾辞 ~weise/~bar

形容詞 + erweise「～なことに」

glücklich: glücklicherweise　幸運なことに、幸いにも　　möglich: möglicherweise　もしかすると

名詞 + (s)weise「～的に」

Beispiel: beispielsweise　例えば（=zum Beispiel）　　Monat: monatsweise　月ごとに

他動詞 + bar「～され得る、～可能な」/ 自動詞 + bar「～し得る」

machen: machbar　実行可能な　　brennen: brennbar　可燃性の、燃えやすい

tragen: tragbar　携帯可能な　　danken : dankbar　感謝している、感謝の念に満ちた

5 絶対的比較級・最上級、その他の比較表現

比較表現において、他のものと比較して「～よりも」「最も～な」という意味ではなく、「比較的～だ」、「どちらかというと～だ」、あるいは「極めて/非常に～だ」という意味で用いられるのが、絶対的比較級または絶対的最上級と言います。

alt-älter-ältest : eine ältere Dame 年配の女性 ▶eine alte Dame 老婦人

Unser Lehrer ist heute bester Laune. 私たちの先生は今日非常に機嫌が良い。(述語的2格) ▶*e* Laune 機嫌

副詞的最上級の場合は auf das/aufs 最上級-e

Herr Mayer übersetzt den Satz auf das genaueste. マイヤー氏はその文章を極めて正確に翻訳します。

その他の比較表現

je 比較級～, desto 比較級... 「～であればあるほど、ますます…だ」

語順に注意!

Je mehr man Deutsch lernt, desto interessanter wird es.
ドイツ語を学べば学ぶほど、ますます面白くなります。

比較級 und 比較級 / immer 比較級 「ますます」

Der Regen wurde stärker und stärker (=immer stärker). 雨はますます激しくなった。

6 独立分詞構文

副文と同じように、目的語や修飾語を伴なった分詞の句が独立して条件や理由などを示す働きをするものを、独立分離構文と言います。独立分詞構文には主語がありません。また、語順に影響を与えません。

Ehrlich gesagt, ich verstehe dich gar nicht. 正直言って、君のことは全く理解できない。

Beispiel

ehrlich gesagt 正直に言って　offen gesagt はっきり言えば　kurz gesagt 手短に言えば
wörtlich genommen 言葉通りに受け取れば(理解すれば)　im Grunde genommen 根本的には、結局のところ
genau gesagt 厳密に言えば　anders formuliert 別の言い方をすれば　genau betrachtet 詳しく見れば
angenommen, dass ～ ～と仮定すれば

7 機能動詞、熟語動詞

動詞が本来の意味を失い、名詞(=動作名詞または名詞化された動詞)と結びついて一つの意味を表す動詞を機能動詞と言います。機能動詞と動作名詞は枠構造で用いられます。

Der Schauspieler hat seine Dankbarkeit zum Ausdruck gebracht. その俳優は感謝の意を表しました。

Beispiel eine Frage stellen 質問する　eine Entscheidung treffen 決定する
Anerkennung finden 評価される　et⁴ zur/in Anwendung bringen ～⁴を使用(適用)する

機能動詞と同じように、特定の名詞や前置詞句と結びついて一つの意味を表す動詞を熟語動詞と言います。熟語動詞も枠構造で用いられます。

Beispiel Auto fahren 運転する、車に乗る　Ski fahren スキーをする　ins Kino gehen 映画を観に行く
Platz nehmen 座る、席に着く　nach Hause kommen 帰宅する

主要不規則動詞変化表

不定詞	直説法現在		過去基本形	接続法第 II 式	過去分詞
backen （パンなどを）焼く	*du* *er*	bäckst (backst) bäckt (backt)	**backte** **(buk)**	backte (büke)	**gebacken**
befehlen 命令する	*du* *er*	befiehlst befiehlt	**befahl**	befähle/ beföhle	**befohlen**
beginnen 始める、始まる			**begann**	begänne/ begönne	**begonnen**
bieten 提供する			**bot**	böte	**geboten**
binden 結ぶ			**band**	bände	**gebunden**
bitten 頼む			**bat**	bäte	**gebeten**
bleiben とどまる			**blieb**	bliebe	**geblieben**
braten （肉などを）焼く	*du* *er*	brätst brät	**briet**	briete	**gebraten**
brechen 破る、折る	*du* *er*	brichst bricht	**brach**	bräche	**gebrochen**
brennen 燃える、燃やす			**brannte**	brennte	**gebrannt**
bringen 運ぶ、持ってくる			**brachte**	brächte	**gebracht**
denken 考える			**dachte**	dächte	**gedacht**
dürfen …してもよい	*ich* *du* *er*	darf darfst darf	**durfte**	dürfte	**gedurft/** **dürfen**
empfehlen 推薦する	*du* *er*	empfiehlst empfiehlt	**empfahl**	empföhle/ empfähle	**empfohlen**
erschrecken 驚く	*du* *er*	erschrickst erschrickt	**erschrak**	erschräke/ erschreckte	**erschrocken**
essen 食べる	*du* *er*	isst isst	**aß**	äße	**gegessen**
fahren （乗物で）行く	*du* *er*	fährst fährt	**fuhr**	führe	**gefahren**
fallen 落ちる	*du* *er*	fällst fällt	**fiel**	fiele	**gefallen**

不定詞	直説法現在		過去基本形	接続法第 II 式	過去分詞
fangen 捕える	*du* *er*	fängst fängt	**fing**	finge	**gefangen**
finden 見つける			**fand**	fände	**gefunden**
fliegen 飛ぶ			**flog**	flöge	**geflogen**
fliehen 逃げる			**floh**	flöhe	**geflohen**
fließen 流れる			**floss**	flösse	**geflossen**
frieren 凍る			**fror**	fröre	**gefroren**
geben 与える	*du* *er*	gibst gibt	**gab**	gäbe	**gegeben**
gehen 行く			**ging**	ginge	**gegangen**
gelingen 成功する			**gelang**	gelänge	**gelungen**
gelten 値する、有効である	*du* *er*	giltst gilt	**galt**	gölte	**gegolten**
genießen 享受する、楽しむ			**genoss**	genösse	**genossen**
geschehen 起こる	*es*	geschieht	**geschah**	geschähe	**geschehen**
gewinnen 獲得する、勝つ			**gewann**	gewönne/ gewänne	**gewonnen**
graben 掘る	*du* *er*	gräbst gräbt	**grub**	grübe	**gegraben**
greifen つかむ			**griff**	griffe	**gegriffen**
haben 持っている	*ich* *du* *er*	habe hast hat	**hatte**	hätte	**gehabt**
halten 持って（つかんで）いる	*du*	hältst	**hielt**	hielte	**gehalten**
hängen 掛っている			**hing**	hinge	**gehangen**
heben 持ち上げる			**hob**	höbe	**gehoben**

不定詞	直説法現在		過去基本形	接続法第 II 式	過去分詞
heißen …という名前である、と呼ばれる			**hieß**	hieße	**geheißen**
helfen 助ける	*du* *er*	hilfst hilft	**half**	hülfe/ hälfe	**geholfen**
kennen 知る			**kannte**	kennte	**gekannt**
kommen 来る			**kam**	käme	**gekommen**
können …できる	*ich* *du* *er*	kann kannst kann	**konnte**	könnte	**gekonnt** **(können)**
laden (荷を) 積む	*du* *er*	lädst lädt	**lud**	lüde	**geladen**
lassen …させる	*du* *er*	lässt lässt	**ließ**	ließe	**gelassen** **(lassen)**
laufen 走る	*du* *er*	läufst läuft	**lief**	liefe	**gelaufen**
leiden 悩む、苦しむ			**litt**	litte	**gelitten**
leihen 貸す、借りる			**lieh**	liehe	**geliehen**
lesen 読む	*du* *er*	liest liest	**las**	läse	**gelesen**
liegen 横たわっている			**lag**	läge	**gelegen**
lügen うそをつく			**log**	löge	**gelogen**
messen 測る	*du* *er*	misst misst	**maß**	mäße	**gemessen**
mögen …かもしれない	*ich* *du* *er*	mag magst mag	**mochte**	möchte	**gemocht** **(mögen)**
müssen …ねばならない	*ich* *du* *er*	muss musst muss	**musste**	müsste	**gemusst** **(müssen)**
nehmen 取る	*du* *er*	nimmst nimmt	**nahm**	nähme	**genommen**
nennen …と呼ぶ			**nannte**	nennte	**genannt**

不定詞		直説法現在	過去基本形	接続法第 II 式	過去分詞
raten 助言する	*du* *er*	rätst rät	**riet**	riete	**geraten**
reißen 引きちぎる	*du* *er*	reißt reißt	**riss**	risse	**gerissen**
reiten (馬で) 行く			**ritt**	ritte	**geritten**
rennen 走る			**rannte**	rennte	**gerannt**
rufen 叫ぶ、呼ぶ			**rief**	riefe	**gerufen**
schaffen 創造する			**schuf**	schüfe	**geschaffen**
scheinen 輝く、思われる			**schien**	schiene	**geschienen**
schieben 押す			**schob**	schöbe	**geschoben**
schießen 撃つ			**schoss**	schösse	**geschossen**
schlafen 眠っている	*du* *er*	schläfst schläft	**schlief**	schliefe	**geschlafen**
schlagen 打つ	*du* *er*	schlägst schlägt	**schlug**	schlüge	**geschlagen**
schließen 閉じる			**schloss**	schlösse	**geschlossen**
schmelzen 溶ける	*du* *er*	schmilzt schmilzt	**schmolz**	schmölze	**geschmolzen**
schneiden 切る			**schnitt**	schnitte	**geschnitten**
schreiben 書く			**schrieb**	schriebe	**geschrieben**
schreien 叫ぶ			**schrie**	schrie	**geschrien**
schweigen 沈黙する			**schwieg**	schwiege	**geschwiegen**
schwimmen 泳ぐ			**schwamm**	schwömme	**geschwommen**
schwinden 消える			**schwand**	schwände	**geschwunden**

不定詞	直説法現在		過去基本形	接続法第 II 式	過去分詞
sehen 見る	*du* *er*	siehst sieht	**sah**	sähe	**gesehen**
sein …である	*ich* *du* *er* *wir* *ihr* *sie*	bin bist ist sind seid sind	**war**	wäre	**gewesen**
senden 送る、放送する			**sandte/** **sendete**	sendete	**gesandt/** **gesendet**
singen 歌う			**sang**	sänge	**gesungen**
sinken 沈む			**sank**	sänke	**gesunken**
sitzen 座っている	*du* *er*	sitzt sitzt	**saß**	säße	**gesessen**
sollen …すべきである	*ich* *du* *er*	soll sollst soll	**sollte**	sollte	**gesollt** **(sollen)**
sprechen 話す	*du* *er*	sprichst spricht	**sprach**	spräche	**gesprochen**
springen 跳ぶ			**sprang**	spränge	**gesprungen**
stechen 刺す	*du* *er*	stichst sticht	**stach**	stäche	**gestochen**
stehen 立っている			**stand**	stände/ stünde	**gestanden**
stehlen 盗む	*du* *er*	stiehlst stiehlt	**stahl**	stähle/ stöhle	**gestohlen**
steigen 登る			**stieg**	stiege	**gestiegen**
sterben 死ぬ	*du* *er*	stirbst stirbt	**starb**	stürbe	**gestorben**
stoßen 突く、ぶつける	*du* *er*	stößt stößt	**stieß**	stieße	**gestoßen**
streichen なでる			**strich**	striche	**gestrichen**
streiten 争う			**stritt**	stritte	**gestritten**

不定詞	直説法現在		過去基本形	接続法第 II 式	過去分詞
tragen 運ぶ、身に付ける	*du* *er*	trägst trägt	**trug**	trüge	**getragen**
treffen 当たる、会う	*du* *er*	triffst trifft	**traf**	träfe	**getroffen**
treiben 追う			**trieb**	triebe	**getrieben**
treten 歩む、踏む	*du* *er*	trittst tritt	**trat**	träte	**getreten**
trinken 飲む			**trank**	tränke	**getrunken**
tun する	*ich* *du* *er*	tue tust tut	**tat**	täte	**getan**
vergessen 忘れる	*du* *er*	vergisst vergisst	**vergaß**	vergäße	**vergessen**
verlieren 失う、敗れる			**verlor**	verlöre	**verloren**
wachsen 成長する	*du* *er*	wächst wächst	**wuchs**	wüchse	**gewachsen**
waschen 洗う	*du* *er*	wäschst wäscht	**wusch**	wüsche	**gewaschen**
wenden 向ける、裏返す			**wandte/** **wendete**	wendete	**gewandt/** **gewendet**
werben 得ようと努める	*du* *er*	wirbst wirbt	**warb**	würbe	**geworben**
werden …になる	*du* *er*	wirst wird	**wurde**	würde	**geworden** **(worden)**
werfen 投げる	*du* *er*	wirfst wirft	**warf**	würfe	**geworfen**
wissen 知っている	*ich* *du* *er*	weiß weißt weiß	**wusste**	wüsste	**gewusst**
wollen …しようと思う	*ich* *du* *er*	will willst will	**wollte**	wollte	**gewollt** **(wollen)**
ziehen 引く、移動する			**zog**	zöge	**gezogen**
zwingen 強要する			**zwang**	zwänge	**gezwungen**

表紙・本文デザイン：メディアアート
写真：著者提供／Shutterstock

もっとつながるドイツ語みっとりーべ 2

検印
省略

© 2023年1月30日　初版発行

著者　中村　修
中川拓哉
大澤タカコ

発行者　小川　洋一郎
発行所　株式会社　朝日出版社
101-0065　東京都千代田区西神田 3-3-5
電話　03-3239-0271/72
振替口座　00140-2-46008
http://www.asahipress.com/
DTP/ メディアアート　印刷 / 図書印刷

乱丁、落丁本はお取り替えいたします。
ISBN978-4-255-25461-6 C1084